铁路职工岗位培训实用丛书

动车组客服设备维修

《动车组客服设备维修》编委会　编

中国铁道出版社有限公司

2020年·北　京

内容简介

本书分为6章共61个典型故障案例，统一按照故障现象、原因及判断、处理过程的流程进行编写，详细地介绍了CRH2A统型、CHR380A统型、CRH380A非统型动车组客服设备设施工作原理和故障检修方法。

本书文字简明、图文并茂，可作为动车组客服设备故障检修作业人员的培训用书。

图书在版编目(CIP)数据

动车组客服设备维修/《动车组客服设备维修》编委会编. —北京：中国铁道出版社有限公司，2020.12
(铁路职工岗位培训实用丛书)
ISBN 978-7-113-27382-8

Ⅰ.①动… Ⅱ.①动… Ⅲ.①高速动车-旅客运输-服务设施-维修-岗位培训-教材 Ⅳ.①U293.3

中国版本图书馆CIP数据核字(2020)第211579号

书　　名：**动车组客服设备维修**
作　　者：《动车组客服设备维修》编委会

责任编辑：黄　璐　　**编辑部电话**：(010)51873138　　**邮箱**：jiliang@tdpress.com
编辑助理：吕自强
封面设计：刘　莎
责任校对：焦桂荣
责任印制：高春晓

出版发行：中国铁道出版社有限公司(100054，北京市西城区右安门西街8号)
网　　址：http://www.tdpress.com
印　　刷：国铁印务有限公司
版　　次：2020年12月第1版　2020年12月第1次印刷
开　　本：787 mm×1 092 mm　1/16　**印张**：8.75　**字数**：217千
书　　号：ISBN 978-7-113-27382-8
定　　价：48.00元

编　委　会

主编：张　莉　薛红兵

编委：王　秋　王　丹　张　钦　黄　敏　田青青

　　　沈东东　桂绍清　张　翔　肖　昆　戴隆程

主审：郭　宇　刘耀华　唐尚林

副审：申孝周　苏贤达　漆云平

前　言

为贯彻落实国铁集团“强基达标、提质增效”工作主题，进一步提升动车组客服设备设施检修质量和检修效率，不断增强客服设备故障维修岗位作业人员的技能水平，达到提升旅客出行体验的目的，特编写本书。

本书是中国铁路南昌局集团有限公司动车组客服设备故障检修作业人员岗位经验积累和智慧的结晶，书中详细介绍了 CRH2A 统型、CRH380A 统型、CRH380A 非统型动车组客服设备设施工作原理和故障检修方法。全书分为 6 章共 61 个典型故障案例，统一按照故障现象、原因及判断、处理过程的流程进行编写。

动车组客服设备故障检修作业人员安全作业时需要注意：涉及电器类设备检修作业，需确认断开相应设备电源，禁止带电作业；作业结束后应做到工完、料净、场地清；库内、库外作业应严格遵守相关作业安全管理规章及制度。

本书适用于 CRH2A 统型、CRH380A 统型、CRH380A 非统型动车组客服设备故障检修作业。希望本书的出版能为动车组客服设备故障检修作业人员提供帮助。

编　者

2020 年 12 月

目　　录

第 1 章　客室固定服务设施

<table>
<tr><td>故障名称</td><td colspan="3">1.1　CRH2A 统型动车组客室窗帘故障</td></tr>
<tr><td>适用车型</td><td colspan="3">CRH2A 统型动车组</td></tr>
<tr><td>工具及材料</td><td colspan="3">工具:一字螺丝刀、十字螺丝刀。
材料:窗帘布、双面胶</td></tr>
<tr><td>故障现象</td><td colspan="3">1. 窗帘无法正常伸缩到位;
2. 帘布破损;
3. 窗帘无法拉伸</td></tr>
<tr><td>原因及判断</td><td colspan="3">1. 窗帘无弹力会造成窗帘无法伸缩到位,可采用转动转轴方式来调节转轴弹力大小;
2. 当帘布破损时,直接更换帘布;
3. 窗帘滑道卡销损坏时,需拆下故障窗帘处墙板,更换帘布卡销</td></tr>
<tr><td rowspan="2">处理过程</td><td>窗帘无弹力</td><td>1. 拉下帘布直至露出上方移动标示贴,将上下帘布分离;
2. 活动帘布转轴,双手握住转轴并水平向上翻转,旋转转轴将帘布弹力调节到合适程度;
3. 使用双面胶将上、下帘布粘牢</td><td></td></tr>
<tr><td>帘布更换</td><td>1. 拉下帘布直至露出上方移动标示贴;
2. 按照提示标签所示方向向右移动,轻轻拉动转筒,直至转筒卡到挡销上无法转动为止;
3. 将上下帘布分离,取出下帘布拉杆和填充橡胶后将破损帘布拆下,更换新帘布;
4. 更换完成后,用双面胶将上、下帘布粘牢,并恢复</td><td></td></tr>
</table>

续上表

处理过程	窗帘无法拉伸	1. 使用十字螺丝刀拆下故障窗帘处墙板固定螺丝并取下墙板； 2. 打开上帘布转轴固定卡子，取出帘布转轴，将故障滑道卡销取出，并更换新品； 3. 将上帘布及转轴安装完毕后调节转轴弹力至适当程度； 4. 使用十字螺丝刀恢复窗帘墙板固定螺丝并安装装饰盖	
故障确认	作业完毕，确认窗帘状态良好		

<table>
<tr><td>故障名称</td><td colspan="3">1.2　CRH2A统型动车组客室照明故障</td></tr>
<tr><td>适用车型</td><td colspan="3">CRH2A统型动车组</td></tr>
<tr><td>工具及材料</td><td colspan="3">工具：十字螺丝刀、一字螺丝刀、斜口钳。
材料：荧光灯管、逆变器、扎带</td></tr>
<tr><td>故障现象</td><td colspan="3">1. 客室灯管亮度不正常且灯管端部发黑；
2. 灯管熄灭</td></tr>
<tr><td>原因及判断</td><td colspan="3">1. 灯管亮度不正常，且灯管端部存在发黑现象时，更换灯管。
2. 灯管熄灭时，可能有以下三种原因：
(1)灯管损坏；
(2)控制逆变器损坏；
(3)灯管及逆变器均损坏</td></tr>
<tr><td rowspan="2">处理过程</td><td>灯管更换</td><td>1. 断开故障对应车厢组合配电柜内的【室内灯1】、【室内灯2】、【室内灯3】空开；
2. 将故障灯管拆下，并更换新品；
3. 恢复【室内灯1】、【室内灯2】、【室内灯3】空开，确认故障消除</td><td> 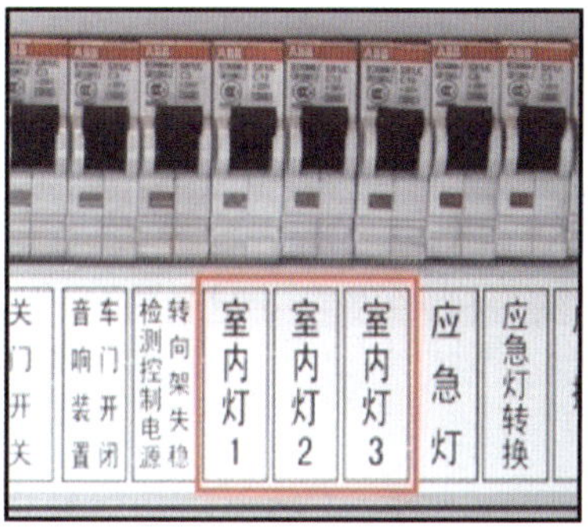</td></tr>
<tr><td>逆变器更换</td><td>1. 断开故障对应车厢组合配电柜内的【室内灯1】、【室内灯2】、【室内灯3】空开。
2. 使用一字螺丝刀拆下逆变器顶板的两颗固定螺丝后将顶板取下。
注：
(1)110 W逆变器对应顶板位于故障灯管一位端；
(2)当灯槽内有两根灯管(20 W和40 W)时，对应顶板(一位端)内有两个逆变器。
3. 使用斜口钳剪断逆变器线束的紧固扎带，拔下逆变器接插件，然后使用十字螺丝刀拆下逆变器并更换新品。
4. 恢复【室内灯1】、【室内灯2】、【室内灯3】空开，确认故障消除。
5. 使用扎带对逆变器线束进行绑扎，恢复逆变器盖板</td><td> 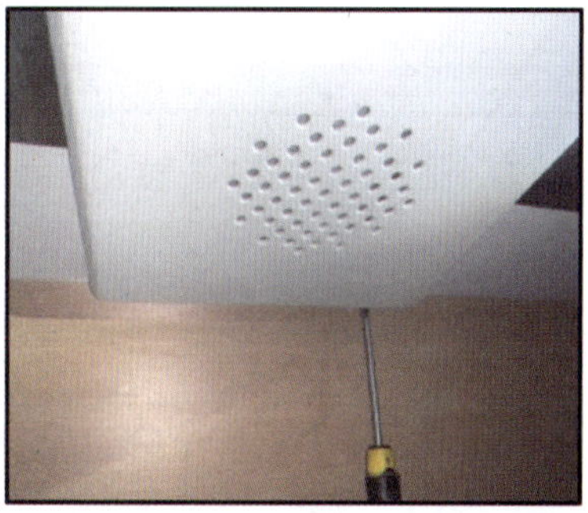 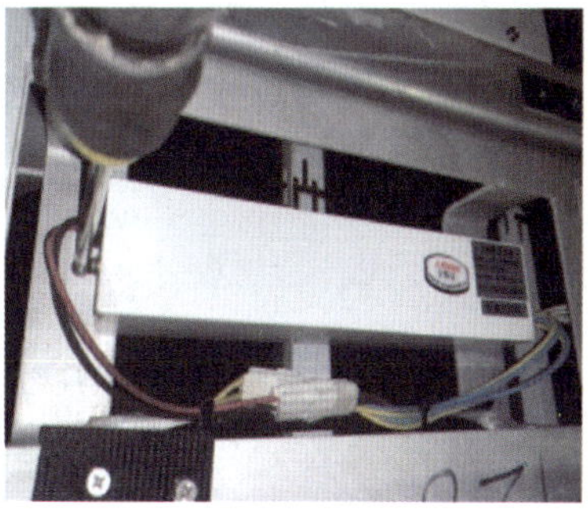</td></tr>
<tr><td>故障确认</td><td colspan="3">作业完毕，确认客室照明正常</td></tr>
</table>

<table>
<tr><td>故障名称</td><td colspan="3">1.3　CRH380A 统型、CRH380A 非统型动车组客室窗帘故障</td></tr>
<tr><td>适用车型</td><td colspan="3">CRH380A 统型动车组、CRH380A 非统型动车组</td></tr>
<tr><td>工具及材料</td><td colspan="3">工具：十字螺丝刀、尖嘴钳、一字螺丝刀。
材料：窗帘布、钢丝绳、双面胶</td></tr>
<tr><td>故障现象</td><td colspan="3">1. 帘布无法正常回收；
2. 帘布破损；
3. 窗帘钢丝绳断</td></tr>
<tr><td>原因及判断</td><td colspan="3">1. 帘布无法正常回收，是因转轴弹力弱造成，可通过调节转轴弹力方式解决；
2. 帘布破损时更换新品；
3. 钢丝绳断裂时更换新品</td></tr>
<tr><td rowspan="3">处理过程</td><td>帘布无法正常回收</td><td>1. 将窗帘布下拉直至露出帘布移动标示贴，将上下帘布分离；
2. 活动上帘布转轴，双手握住转轴水平向上翻转，翻转转轴调节弹力到合适程度；
3. 使用双面胶将上、下帘布粘牢</td><td> 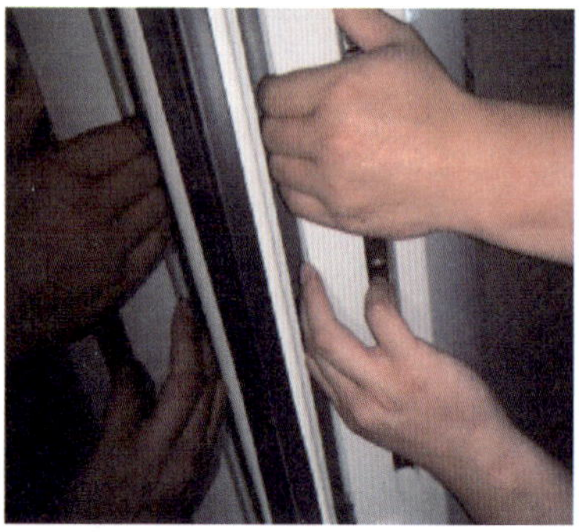</td></tr>
<tr><td>帘布更换</td><td>1. 拉下帘布直至露出上方移动标示贴；
2. 按照提示标签所示方向向右移动，轻轻拉动转筒，直至转筒卡到挡销上无法转动为止；
3. 将上下帘布分离，取出下帘布拉杆和填充橡胶后将破损帘布拆下，更换新帘布；
4. 更换完成后，用双面胶将上、下帘布粘牢，并恢复</td><td> 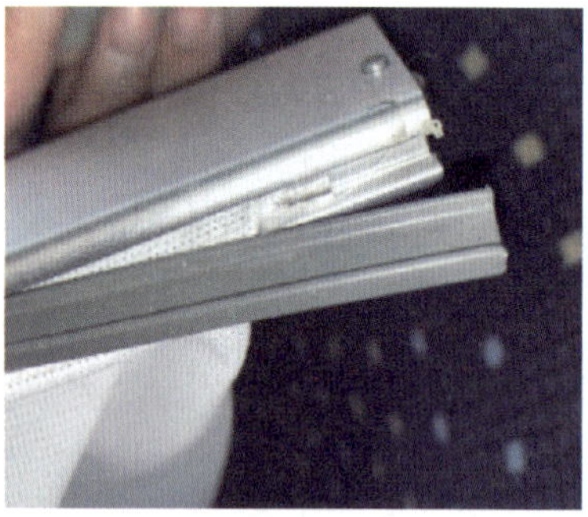</td></tr>
<tr><td>钢丝绳更换</td><td>1. 拉下帘布直至露出上方移动标示贴，按照标示贴所示方向向右移动，轻轻拉动转筒，直至转筒卡到挡销上无法转动为止，撕开双面胶分离上下帘布；
2. 取出下帘布的填充橡胶，使用一字螺丝刀拆下滑道下方的装饰堵，取出固定钢丝，用十字螺丝刀拆下两端滑轮定位销，取出滑轮，将损坏的钢丝绳取出</td><td> 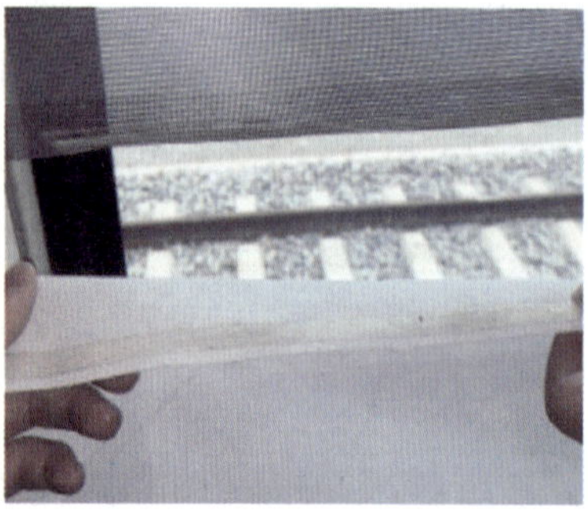</td></tr>
</table>

续上表

处理过程	钢丝绳更换	3. 将新的钢丝绳一端打结并使用尖嘴钳夹住，挂在窗帘滑道内的挂钩上，挂住后把钢丝绳从下窗帘滑轮和固定座通道穿出来，再用定位销固定滑轮，另一端钢丝绳同样打结，用弯嘴钳夹住挂在窗帘滑道挂钩上，再从滑轮和固定座通道穿出来（钢丝绳与滑轮接触位置不要在同一滑道里）； 4. 钢丝绳装好后，用装饰堵将钢丝绳两端卡紧	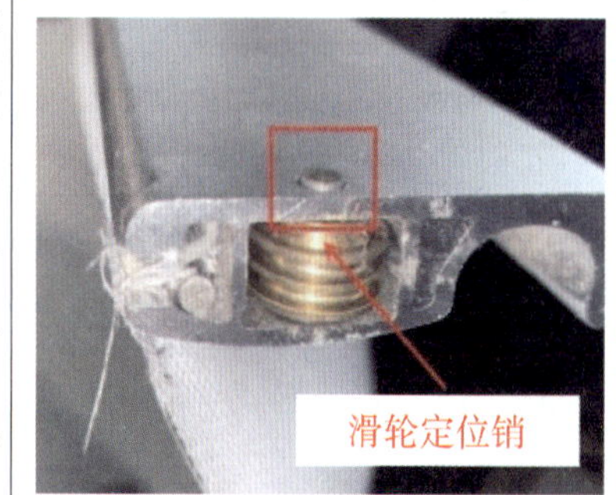
故障确认	作业完毕，确认窗帘状态良好		

<table>
<tr><td>故障名称</td><td colspan="3">1.4　CRH380A 统型、CRH380A 非统型动车组客室照明故障</td></tr>
<tr><td>适用车型</td><td colspan="3">CRH380A 统型动车组、CRH380A 非统型动车组</td></tr>
<tr><td>工具及材料</td><td colspan="3">材料：LED 灯管</td></tr>
<tr><td>故障现象</td><td colspan="3">1. 单根灯管半灭或全灭；
2. 车厢一侧连续多根灯管熄灭</td></tr>
<tr><td>原因及判断</td><td colspan="3">1. 单根 LED 灯管出现半灭或全灭时，可确定为 LED 灯管坏，更换故障灯管即可；
2. 车厢一侧出现连续多根灯管熄灭时，可能是 LED 灯管两端接插件接触不良，需对故障区域所有 LED 灯管两端接插件重新进行拔插</td></tr>
<tr><td rowspan="2">处理过程</td><td>灯管坏</td><td>1. 打开故障对应车厢组合配电柜，断开【室内灯 1】、【室内灯 2】、【室内灯 3】空开；
2. 更换故障 LED 灯管；
3. 恢复【室内灯 1】、【室内灯 2】、【室内灯 3】空开，确认故障消除</td><td>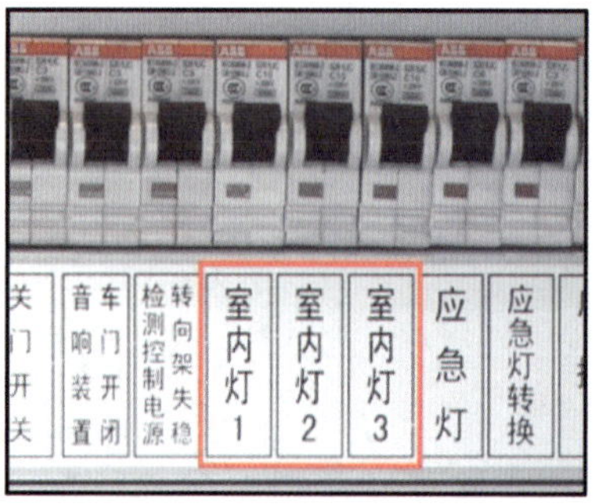

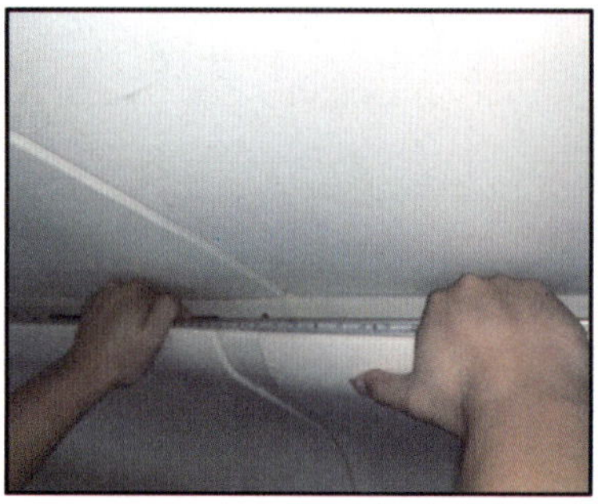</td></tr>
<tr><td>接头插子松动</td><td>1. 打开故障对应车厢组合配电柜，断开【室内灯 1】、【室内灯 2】、【室内灯 3】空开；
2. 重新插拔故障区域灯管两端接插件；
3. 恢复【室内灯 1】、【室内灯 2】、【室内灯 3】空开，确认故障消除</td><td>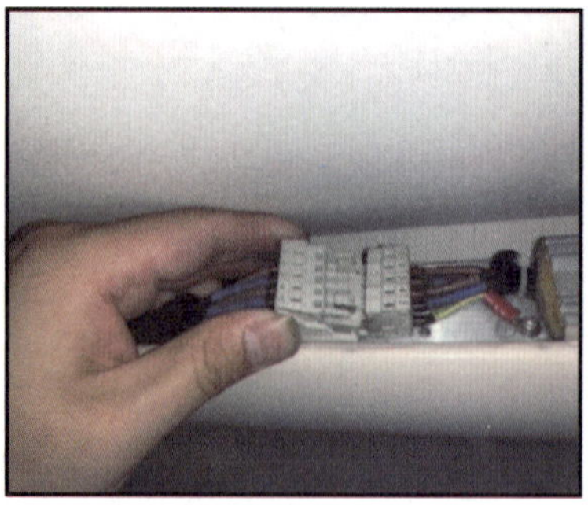</td></tr>
<tr><td>故障确认</td><td colspan="3">作业完毕，确认客室照明正常</td></tr>
</table>

<table>
<tr><td>故障名称</td><td colspan="3">1.5　一等座茶几板故障</td></tr>
<tr><td>适用车型</td><td colspan="3">CRH2A 统型动车组、CRH380A 统型动车组、CRH380A 非统型动车组</td></tr>
<tr><td>工具及材料</td><td colspan="3">工具:活动扳手、十字螺丝刀、3 mm 内六角扳手。
材料:茶几板</td></tr>
<tr><td>故障现象</td><td colspan="3">1. 茶几板松动,转动时晃动大;
2. 茶几板倾斜、无法平放</td></tr>
<tr><td>原因及判断</td><td colspan="3">1. 一等座茶几板转动时发现晃动较大,确定为茶几板转动轴紧固螺丝松动,需紧固处理;
2. 一等座茶几板出现倾斜无法平放,确定为茶几板坏,需更换处理</td></tr>
<tr><td rowspan="2">处理过程</td><td>茶几板松动</td><td>1. 使用十字螺丝刀拆下一等座扶手下方护板固定螺丝,取下扶手护板;
2. 使用活动扳手拆下另一侧护板螺栓,取下另一边护板;
3. 使用十字螺丝刀紧固茶几板螺丝;
4. 确认无松动后,恢复两侧扶手护板</td><td> </td></tr>
<tr><td>茶几板更换</td><td>1. 使用十字螺丝刀拆下一等座扶手下方护板固定螺丝,取下扶手护板;
2. 使用活动扳手拆下另一侧护板螺栓,取下另一边护板;
3. 使用 3 mm 内六角扳手拆下茶几板固定螺丝并取下故障茶几板;
4. 安装新的茶几板时应对准茶几板安装座,使用 3 mm 内六角扳手紧固茶几板固定螺丝,再恢复两端扶手护板</td><td>  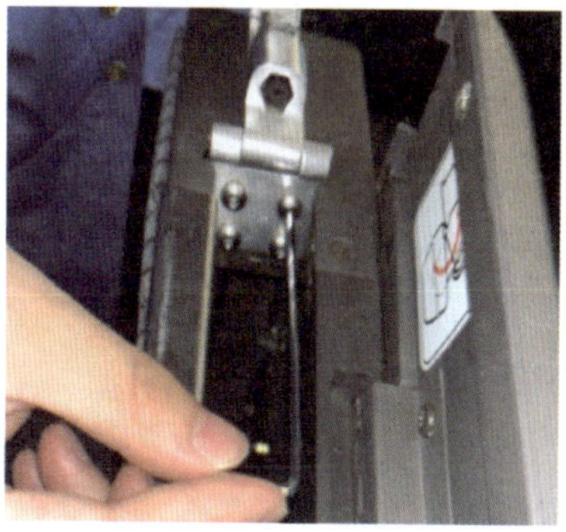</td></tr>
</table>

<table>
<tr><td rowspan="1">处理过程</td><td>茶几板更换</td><td>1. 使用十字螺丝刀拆下一等座扶手下方护板固定螺丝，取下扶手护板；
2. 使用活动扳手拆下另一侧护板螺栓，取下另一边护板；
3. 使用 3 mm 内六角扳手拆下茶几板固定螺丝并取下故障茶几板；
4. 安装新的茶几板时应对准茶几板安装座，使用 3 mm 内六角扳手紧固茶几板固定螺丝，再恢复两端扶手护板</td><td></td></tr>
<tr><td>故障确认</td><td colspan="3">作业完毕，确认茶几板功能良好</td></tr>
</table>

<table>
<tr><td>故障名称</td><td colspan="3">1.6　一等座座椅故障</td></tr>
<tr><td>适用车型</td><td colspan="3">CRH2A 统型动车组、CRH380A 统型动车组、CRH380A 非统型动车组</td></tr>
<tr><td>工具及材料</td><td colspan="3">工具：水泵钳、10 mm 叉口扳手、2.5 mm 内六角扳手、十字螺丝刀、尖嘴钳、30 mm 固定扳手、16 mm 棘轮扳手、老虎钳、橡胶锤、一字螺丝刀、铁锤。
材料：座椅气缸、小弹簧、脚踏组成、座椅回转挡销、润滑油</td></tr>
<tr><td>故障现象</td><td colspan="3">1. 座椅晃动或卡滞；
2. 座椅无法回弹；
3. 按钮调节不良；
4. 座椅无法同步复位；
5. 脚踏弹力弱；
6. 脚踏无法回弹；
7. 脚踏无法同步复位；
8. 脚踏无法固定</td></tr>
<tr><td>原因及判断</td><td colspan="3">1. 转动座椅时晃动，可确定为一等座椅下方圆螺母松动，需紧固；若旋转座椅时伴有卡滞现象，需对座椅底架滑条喷润滑油润滑处理。
2. 座椅无法回弹可判断为座椅气缸动作不良或钢丝绳固定螺母失效，座椅气缸动作不良则确定为气缸漏油导致气缸失效，需换气缸，钢丝绳固定螺母失效可以用 10 mm 叉口扳手进行调节。
3. 座椅按钮调节不良先判断靠背调节按钮是否卡滞，若无卡滞现象，则判断为座椅气缸松动或脱出，需调节钢丝绳固定螺母或重新紧固座椅气缸，若故障仍未消除可判断为钢丝绳失效，需更换钢丝绳。
4. 踩下脚踏装置，两个座椅不能同步复位，可判断为动作气缸失效，调节气缸固定螺母或用水泵钳重新紧固安装座椅气缸，若调节后故障未消除，则更换气缸处理。
5. 踏板弹力弱，可判断为座椅固定脚踏弹簧弹力不足，导致脚踏无法正常弹起收回到位。
6. 踏板无法回弹一般为回转销小弹簧失效导致脚踏不动作。
7. 两个踏板折叠复原时无法同步，可判断为踏板卡销固定钢丝绳松动导致脚踏无法同步动作。
8. 踏板无法固定可判断为踏板固定挡销失效或踏板组成卡扣破损导致</td></tr>
<tr><td>处理过程</td><td>座椅晃动大</td><td>1. 掀开座椅坐垫，旋转座椅，使用一字螺丝刀松开圆螺母上方固定卡片；
2. 松开后，将圆螺母和中心轴顺时针旋转紧固，当手动不能旋转时，使用一字螺丝刀顶住圆螺母凹槽处，用铁锤配合螺丝刀敲击，再次紧固；
3. 紧固完毕，确认故障消除后，锁紧圆螺母上方固定卡片，恢复坐垫</td><td>圆螺母</td></tr>
</table>

续上表

处理过程	座椅无法回弹	1. 掀开座椅坐垫，使用十字螺丝刀拆下钢丝绳保护盖，用 10 mm 叉口扳手调节钢丝绳固定螺母； 2. 调节完毕，确认座椅回弹状态良好并恢复坐垫 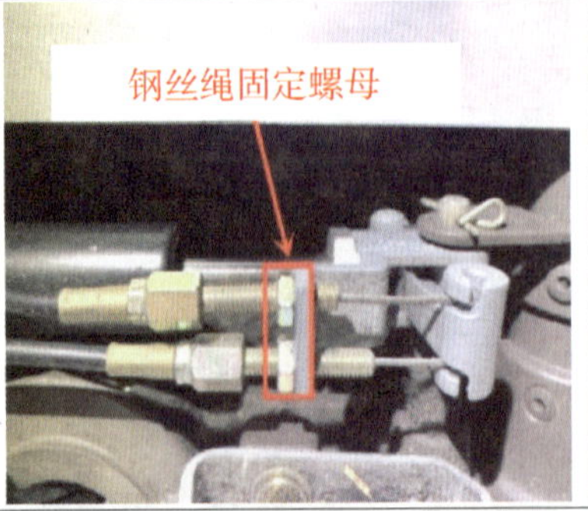
	座椅按钮调节不良	1. 检查一等座靠背调节按钮是否卡滞，若卡滞则将其恢复正常； 2. 若钢丝绳固定螺母松动，掀开座椅坐垫，先使用十字螺丝刀拆下钢丝绳保护盖，再用 10 mm 叉口扳手对螺母进行调节； 3. 若气缸脱出松动，使用水泵钳卡住气缸活塞杆，顺时针转动紧固气缸； 4. 若靠背调节按钮钢丝绳断裂，先使用 10 mm 叉口扳手将钢丝绳固定螺母拆下，再用十字螺丝刀拆下扶手盖板进行更换； 5. 更换完毕，使用十字螺丝刀恢复扶手盖板，再用 10 mm 叉口扳手调节钢丝绳固定螺母，确认故障消除 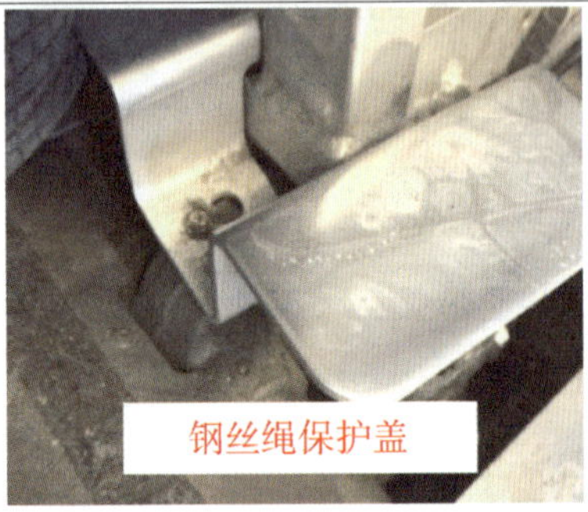 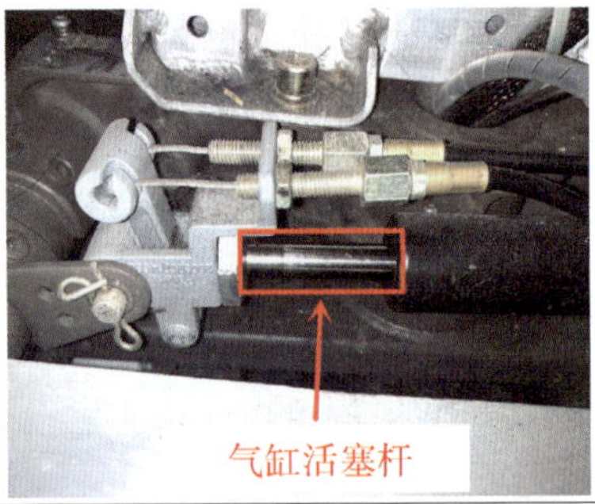
	座椅无法同步复位	1. 掀开座椅坐垫，使用十字螺丝刀拆下钢丝绳保护盖，再用 10 mm 叉口扳手调节钢丝绳固定螺母，若调节后故障仍未消除则更换气缸。 2. 气缸更换 (1)使用 10 mm 叉口扳手调节钢丝绳固定螺母； (2)使用水泵钳卡住气缸活塞杆，逆时针转动拆卸气缸一端； (3)用尖嘴钳取下气缸另一端开口销并用一字螺丝刀卸下固定长销，取下气缸进行更换。 3. 更换完毕，确认故障消除后恢复坐垫  

<table>
<tr><td rowspan="4">处理过程</td><td>脚踏板弹力弱</td><td>1. 掀开座椅坐垫，使用 30 mm 固定扳手卡住脚踏弹簧转片进行紧固，再用 16 mm 的棘轮扳手紧固螺母；
2. 紧固至弹簧弹力正常后恢复坐垫</td><td></td></tr>
<tr><td>踏板无法回弹</td><td>1. 掀开座椅坐垫，确认回转销小弹簧是否失效或丢失；
2. 使用尖嘴钳夹住小弹簧，分别对准回转销及脚踏板连接安装座进行安装；
3. 安装完毕，确认故障消除后恢复座椅坐垫</td><td>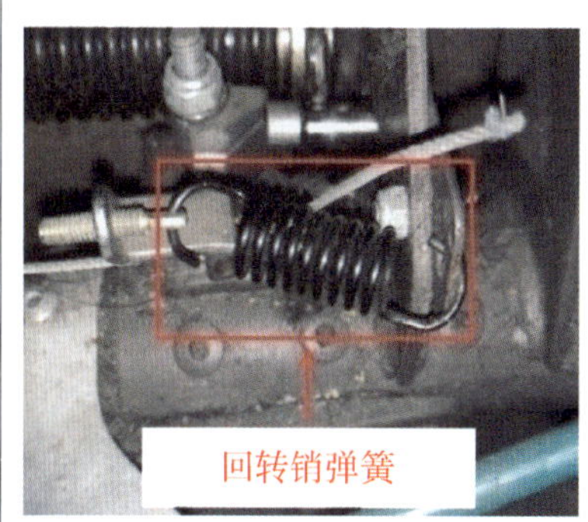</td></tr>
<tr><td>踏板无法同步复位</td><td>1. 掀开座椅坐垫，使用 2.5 mm 内六角扳手松开踏板回转挡销螺栓；
2. 使用老虎钳绷紧钢丝绳，同时用 2.5 mm 内六角扳手紧固回转挡销螺母；
3. 紧固完毕，确认故障消除后恢复座椅坐垫</td><td></td></tr>
<tr><td>踏板无法固定</td><td>1. 使用一字螺丝刀卡住回转挡销外套接口，用橡胶锤配合螺丝刀敲击固定挡销外套实现脚踏连接件与回转挡销接触固定，若故障未消除则需更换脚踏板。
2. 踏板更换
(1)使用十字螺丝刀拆下座椅后盖板固定螺丝</td><td></td></tr>
</table>

续上表

<table>
<tr><td rowspan="1">处理过程</td><td>踏板无法固定</td><td>(2)使用 30 mm 固定扳手固定踏板弹簧转片并用 16 mm 棘轮扳手套上螺母进行转动拆卸，取下螺母、转片、脚踏弹簧、弹簧护套；
(3)使用 10 mm 棘轮扳手卸下脚踏组成部件螺栓后拆下安装座，取出踏板进行更换；
(4)更换完毕，确认状态良好后，使用十字螺丝刀恢复踏板盖板螺丝</td><td></td></tr>
<tr><td>故障确认</td><td colspan="3">作业完毕，确认一等座椅状态良好</td></tr>
</table>

<table>
<tr><td>故障名称</td><td colspan="3">1.7　二等座茶几板故障</td></tr>
<tr><td>适用车型</td><td colspan="3">CRH2A 统型动车组、CRH380A 统型动车组、CRH380A 非统型动车组</td></tr>
<tr><td>工具及材料</td><td colspan="3">工具：5 mm 内六角扳手、6 mm 内六角扳手、十字螺丝刀、8 mm 棘轮扳手。
材料：茶几板</td></tr>
<tr><td>故障现象</td><td colspan="3">1. 茶几板无法正常收起；
2. 茶几板倾斜；
3. 端墙茶几板承载力弱</td></tr>
<tr><td>原因及判断</td><td colspan="3">1. 茶几板无法正常收起可确认为茶几板与靠背卡扣连接处破损；
2. 茶几板倾斜，可能为茶几板支撑杆螺丝松动或支撑杆断裂，如未发现上述问题，可确认为茶几板支撑杆止挡断裂；
3. 端墙茶几板承载力弱，可判断为端墙茶几板两端固定螺丝松动或固定在端墙下方螺丝松动</td></tr>
<tr><td rowspan="2">处理过程</td><td>茶几板更换</td><td>1. 使用十字螺丝刀拆下茶几板两边固定螺丝；
2. 取出茶几板进行更换</td><td> 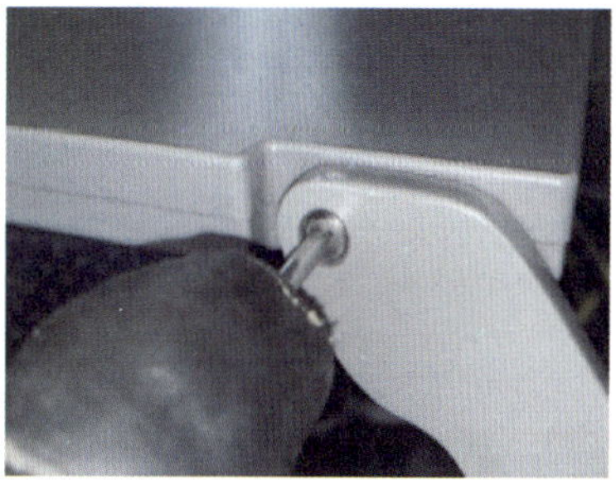</td></tr>
<tr><td>茶几板倾斜</td><td>1. 使用 8 mm 棘轮扳手调节茶几板支撑杆固定螺栓，调节时参照其他茶几板同一基准面，调节高度处理；
2. 若支撑杆断掉，掀开座椅套，使用 6 mm 内六角扳手拆下支撑杆安装座螺栓，取下螺栓和其他组件，取出断裂支撑杆更换；
3. 若茶几板止挡断裂，使用十字螺丝刀取出止挡三颗固定螺丝，取出止挡进行更换</td><td> 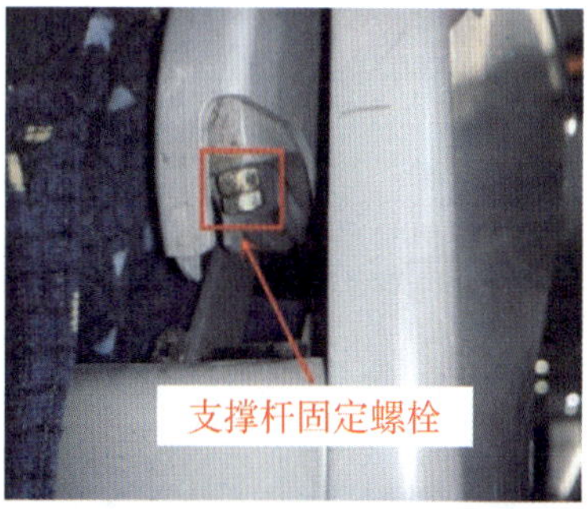支撑杆固定螺栓 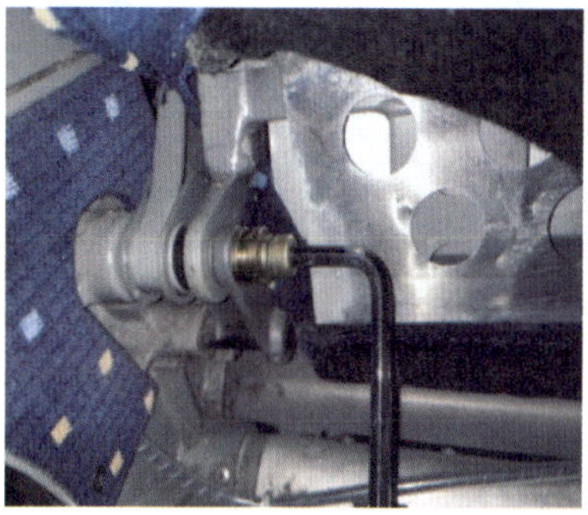</td></tr>
</table>

<table>
<tr><td rowspan="2">处理过程</td><td>茶几板倾斜</td><td>1. 使用 8 mm 棘轮扳手调节茶几板支撑杆固定螺栓，调节时参照其他茶几板同一基准面，调节高度处理；
2. 若支撑杆断掉，掀开座椅套，使用 6 mm 内六角扳手拆下支撑杆安装座螺栓，取下螺栓和其他组件，取出断裂支撑杆更换；
3. 若茶几板止挡断裂，使用十字螺丝刀取出止挡三颗固定螺丝，取出止挡进行更换</td><td></td></tr>
<tr><td>端墙茶几板承载力弱</td><td>1. 使用 5 mm 内六角扳手紧固端墙茶几板两颗固定螺丝；
2. 使用十字螺丝刀紧固端墙下面固定螺丝</td><td>
</td></tr>
<tr><td>故障确认</td><td colspan="3">作业完毕，确认茶几板状态良好</td></tr>
</table>

<table>
<tr><td>故障名称</td><td colspan="3">1.8　二等座椅故障</td></tr>
<tr><td>适用车型</td><td colspan="3">CRH2A 统型动车组、CRH380A 统型动车组、CRH380A 非统型动车组</td></tr>
<tr><td>工具及材料</td><td colspan="3">工具：水泵钳、10 mm 叉口扳手、尖嘴钳、6 mm 内六角扳手、一字螺丝刀、十字螺丝刀。
材料：座椅气缸、椅背调节扣手、润滑油、靠背螺栓、铁锤</td></tr>
<tr><td>故障现象</td><td colspan="3">1. 转动座椅时存在晃动、卡滞现象；
2. 踩下座椅脚踏或拉动椅背调节扣手，椅背无法固定或不能收回；
3. 踩下座椅脚踏，同排座椅椅背无法同步复位；
4. 椅背扣手调节功能失效；
5. 座椅靠背晃动大</td></tr>
<tr><td>原因及判断</td><td colspan="3">1. 如转动座椅存在晃动现象时，检查座椅下方圆螺母是否松动，若圆螺母存在松动现象，需紧固处理；若旋转座椅时伴有卡滞现象，需对座椅底架滑条喷润滑油润滑处理；
2. 踩下座椅脚踏或拉动椅背调节扣手，椅背无法固定或不能收回，可判断为座椅气缸动作不良或钢丝绳调节功能失效（气缸动作不良为气缸固定螺母松动或气缸漏油导致，需调节气缸固定螺母或更换气缸；钢丝绳调节功能失效为钢丝绳固定螺母松动或钢丝绳断裂导致，需调节钢丝绳固定螺母或更换钢丝绳）；
3. 踩下座椅脚踏，同排座椅椅背无法自动复原，可判断为动作气缸失效，需调节气缸固定螺母或用水泵钳重新紧固安装座椅气缸，若调节后故障未消除，则更换气缸处理；
4. 椅背调节扣手坏会导致椅背调节功能失效，需更换扣手；
5. 座椅靠背晃动大，可判断为靠背螺栓断裂或气缸脱落，需更换靠背螺栓或重新紧固安装气缸</td></tr>
<tr><td rowspan="2">处理过程</td><td>座椅圆螺母紧固</td><td>1. 掀开座椅坐垫，旋转座椅，使用一字螺丝刀松开圆螺母上方固定卡片；
2. 松开后，将圆螺母和中心轴顺时针旋转紧固。当手动不能旋转时，使用一字螺丝刀顶住圆螺母凹槽处，用铁锤配合螺丝刀敲击，再次紧固；
3. 紧固完毕，确认故障消除后锁紧圆螺母上方固定卡片，恢复坐垫</td><td> 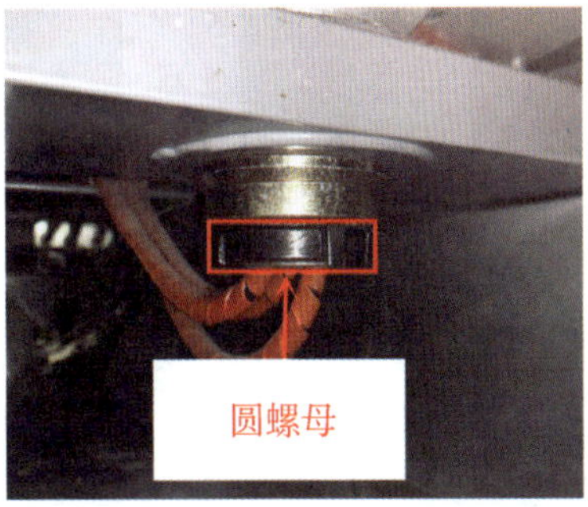</td></tr>
<tr><td>靠背螺栓更换</td><td>1. 掀开座椅坐垫，使用 6 mm 内六角扳手拆下座椅靠背固定销；
2. 使用一字螺丝刀拆下靠背螺栓进行更换；
3. 更换完成后，确认故障消除并恢复坐垫</td><td> 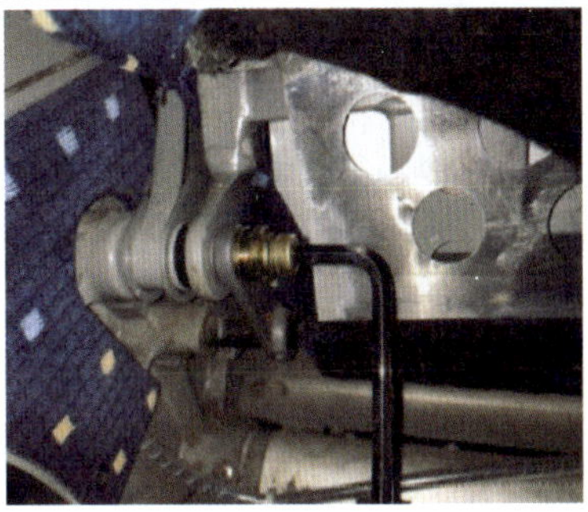</td></tr>
</table>

处理过程	靠背螺栓更换	1. 掀开座椅坐垫，使用 6 mm 内六角扳手拆下座椅靠背固定销； 2. 使用一字螺丝刀拆下靠背螺栓进行更换； 3. 更换完成后，确认故障消除并恢复坐垫	
	钢丝绳调节	1. 掀开座椅坐垫，使用十字螺丝刀拆下钢丝绳保护盖，再用 10 mm 叉口扳手调节钢丝绳固定螺母； 2. 调节完成后，确认故障消除并恢复坐垫	
	扶手扣手更换	1. 使用十字螺丝刀拆下侧扶手盖板固定螺丝，再拆下扣手盖板固定螺丝； 2. 使用尖嘴钳将扣手连接小弹簧及定位销取出，拆下损坏扣手进行更换； 3. 更换完毕，恢复扣手盖板，测试按钮开关，确认座椅动作良好后恢复扶手盖板	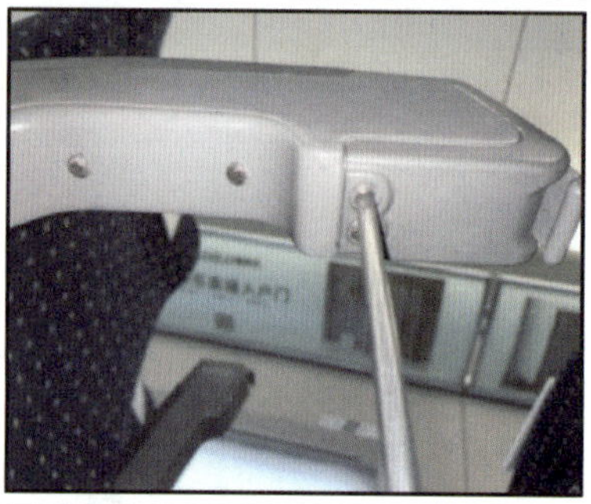
	气缸更换	1. 使用 10 mm 叉口扳手松开钢丝绳固定螺母； 2. 使用水泵钳卡住气缸活塞杆，逆时针转动拆卸气缸一端； 3. 使用尖嘴钳取下气缸另一端开口销并用一字螺丝刀卸下固定长销，取下故障气缸，更换新品； 4. 更换完毕，确认故障消除后恢复坐垫	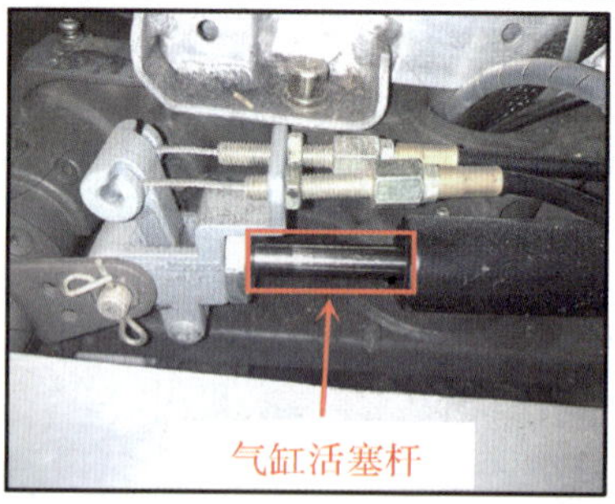 
故障确认	作业完毕，确认座椅状态良好		

<table>
<tr><td>故障名称</td><td colspan="3">1.9　卫生间门故障</td></tr>
<tr><td>适用车型</td><td colspan="3">CRH2A 统型动车组、CRH380A 统型动车组、CRH380A 非统型动车组</td></tr>
<tr><td>工具及材料</td><td colspan="3">工具：一字螺丝刀、18 mm 叉口扳手、6 mm 内六角扳手、5 mm 内六角扳手、老虎钳、十字螺丝刀。
材料：门锁机构、滑轮、下导轨</td></tr>
<tr><td>故障现象</td><td colspan="3">1. 卫生间门动作时卡滞；
2. 卫生间门无法锁闭</td></tr>
<tr><td>原因及判断</td><td colspan="3">1. 卫生间门卡滞，有以下三种原因：
(1)承载轮过紧；
(2)承载轮与防跳轮的固定螺栓松动；
(3)下导轨变形。
2. 卫生间门无法锁闭有以下两种原因：
(1)门锁止挡松动：将卫生间门锁闭，门锁卡槽与锁销位置发生偏移。
(2)门锁机构坏：手动锁闭卫生间门后，锁销无法伸出</td></tr>
<tr><td rowspan="2">处理过程</td><td>滑轮过紧</td><td>1. 使用一字螺丝刀拆下卫生间门上方检查盖板；
2. 使用 18 mm 叉口扳手卡住滑轮安装座螺栓的同时，用 6 mm 内六角扳手对左右滑车的承载轮和防跳轮进行调节(承载轮可实现上下左右四个方向的调节，应根据故障情况进行适当调节)；
3. 调节完毕后进行推拉实验，确认故障消失后，恢复检查盖板</td><td>  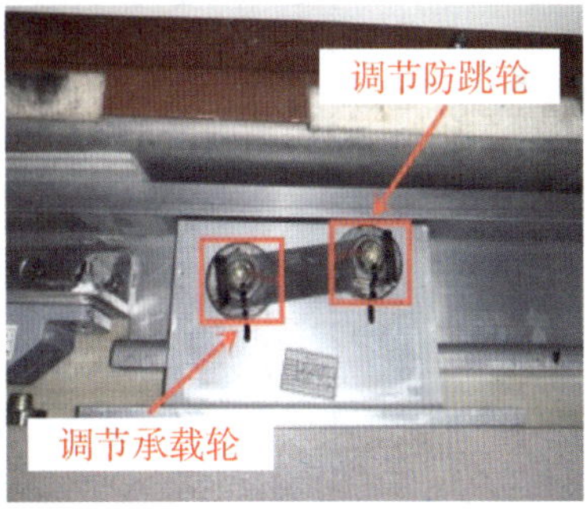调节防跳轮
调节承载轮</td></tr>
<tr><td>滑轮固定螺栓松动</td><td>1. 使用一字螺丝刀拆下卫生间门检查盖板；
2. 使用 6 mm 内六角扳手固定螺栓的同时，用 18 mm 叉口扳手对安装座螺栓进行紧固；
3. 紧固完毕，进行推拉实验，确认无卡滞现象后，恢复检查盖板</td><td> </td></tr>
</table>

处理过程	卡槽位置偏移	1. 使用一字螺丝刀拆下卫生间门检查盖板； 2. 使用老虎钳固定锁托上方安装螺帽的同时，用十字螺丝刀将门锁卡槽固定螺丝松开至可调节位置即可； 3. 将门锁卡槽位置调节至锁销可自由进出锁孔即可； 4. 将门锁卡槽重新紧固，并进行锁闭实验，故障消失后恢复检查盖板	
	门锁机构坏	1. 使用一字螺丝刀拆下卫生间门检查盖板； 2. 使用 18 mm 叉口扳手卡住滑轮安装座螺栓的同时，使用 6 mm 内六角扳手拆下左右滑车的承载轮和防跳轮，取下卫生间门板； 3. 使用 5 mm 内六角扳手拆下门锁机构固定螺丝，用十字螺丝刀拆下门把手； 4. 取出门锁机构进行更换； 5. 重新安装卫生间门； 6. 进行锁闭实验，确认故障消失后，恢复检查盖板	 门锁机构
	下导轨变形	1. 使用一字螺丝刀拆下卫生间门检查盖板； 2. 使用 18 mm 叉口扳手卡住滑轮安装座螺栓的同时，使用 6 mm 内六角扳手拆下左右滑车的承载轮和防跳轮，取下卫生间门板； 3. 取下卫生间门板后，使用十字螺丝刀将滑道拆下； 4. 更换新的滑道，并重新安装好卫生间门	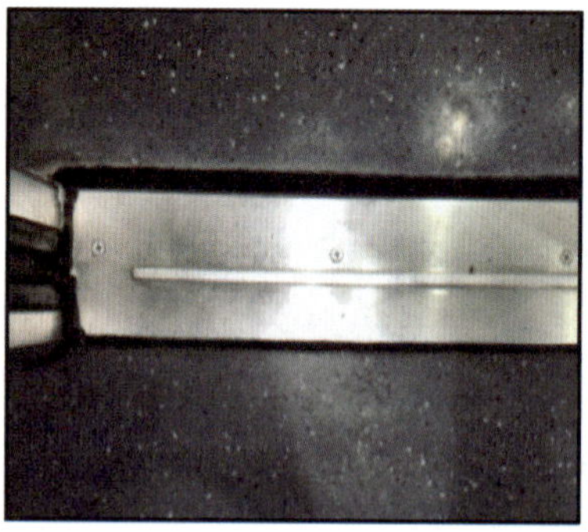
故障确认	故障处理完成后，确认门状态正常		

<table>
<tr><td>故障名称</td><td colspan="3">**1.10　残疾人卫生间门故障**</td></tr>
<tr><td>适用车型</td><td colspan="3">CRH2A 统型动车组、CRH380A 统型动车组、CRH380A 非统型动车组</td></tr>
<tr><td>工具及材料</td><td colspan="3">工具：6 mm 内六角扳手、一字螺丝刀、18 mm 叉口扳手、5 mm 内六角扳手、10 mm 棘轮扳手、毛刷。
材料：门控器、按钮开关、润滑脂</td></tr>
<tr><td>故障现象</td><td colspan="3">1. 按下开门(关门)按钮时，门不动作；
2. 开门(关门)过程中有摩擦异响或手动推拉卫生间门存在明显卡滞</td></tr>
<tr><td>原因及判断</td><td colspan="3">1. 按下开门(关门)按钮，门不动作：
(1)先观察卫生间内门框上方红色按钮开关是否被按下，若按下则恢复。
(2)卫生间内红色按钮正常位时，检查隔离锁锁挡内开关是否卡滞，若卡滞，则润滑；若无上述现象，可判断为开门(关门)按钮损坏。
(3)手动推拉卫生间门，观察门是否存在机械卡滞，若推拉顺畅，可确定为门控器故障，更换门控器。
2. 开门(关门)过程中有摩擦异响声或手动推拉卫生间门感觉存在明显卡滞时，可确定为门板与地面导轨存在抗磨，需对卫生间门承载轮和防跳轮进行调节</td></tr>
<tr><td rowspan="2">处理过程</td><td>按钮开关更换</td><td>1. 打开故障对应车厢组合配电柜，断开【残疾人厕所自动门】空开；
2. 使用一字螺丝刀拆下按钮开关盒，然后用一字螺丝刀拆下电源接头插针，取出按钮开关进行更换；
3. 更换完毕，恢复【残疾人厕所自动门】空开，进行开关门试验，确认作用良好</td><td>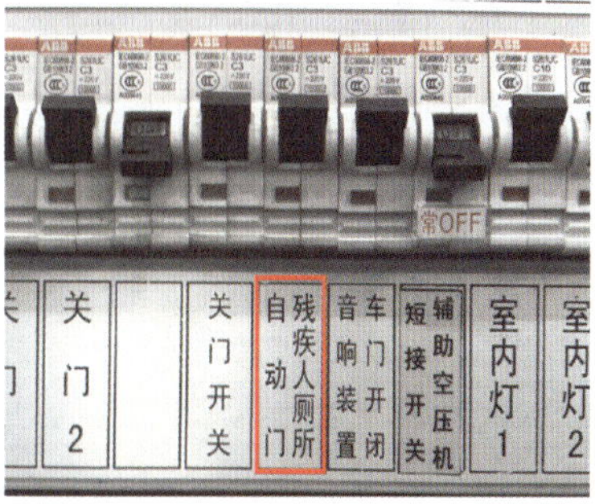
</td></tr>
<tr><td>滑轮调节</td><td>1. 将卫生间内顶板上的红色按钮按下；
2. 使用一字螺丝刀拆下残疾人卫生间门检查盖板；
3. 使用 18 mm 叉口扳手卡住滑轮安装座螺栓的同时，用 6 mm 内六角扳手对左右滑车的承载轮和防跳轮进行调节(承载轮可实现上下左右四个方向的调节，应根据故障情况适当调节)；
4. 调节完毕后进行推拉实验，确认故障消失后恢复检查盖板</td><td></td></tr>
</table>

续上表

处理过程	滑轮调节	1. 将卫生间内顶板上的红色按钮按下； 2. 使用一字螺丝刀拆下残疾人卫生间门检查盖板； 3. 使用 18 mm 叉口扳手卡住滑轮安装座螺栓的同时，用 6 mm 内六角扳手对左右滑车的承载轮和防跳轮进行调节(承载轮可实现上下左右四个方向的调节，应根据故障情况适当调节)； 4. 调节完毕后进行推拉实验，确认故障消失后恢复检查盖板	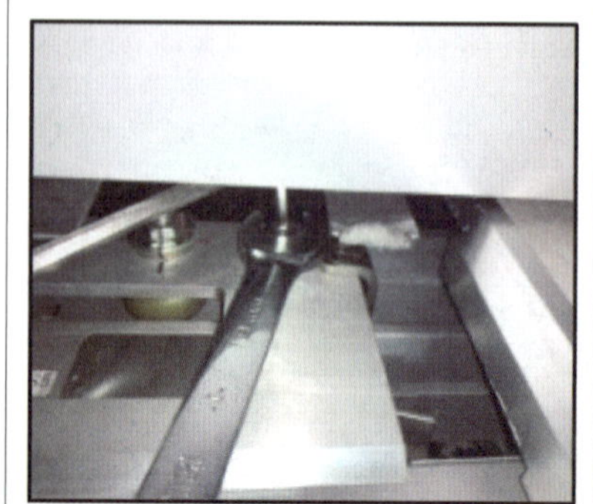
	隔离开关润滑	1. 将卫生间内顶板上的红色按钮按下； 2. 使用一字螺丝刀拆下残疾人卫生间门检查盖板； 3. 使用毛刷对锁挡内隔离开关涂抹润滑脂； 4. 润滑完毕后，进行开关门试验，确认故障消失后恢复检查盖板	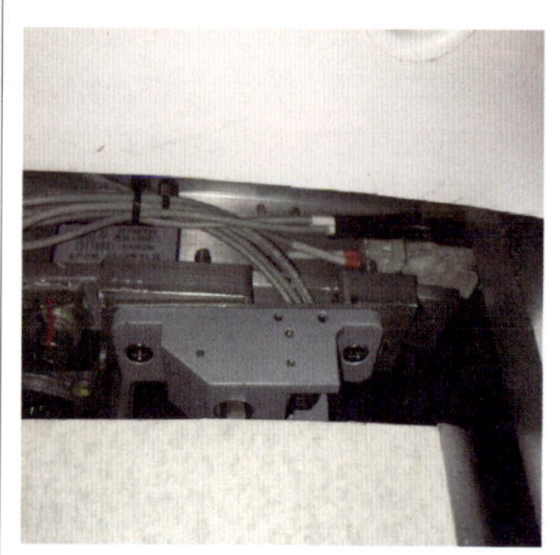
	门控器更换	1. 打开故障对应车厢组合配电柜，断开【残疾人厕所自动门】空开； 2. 打开卫生间内检修顶板，使用一字螺丝刀拆下门控器接线端子，用 10 mm 棘轮扳手拆下门控器地线，用 5 mm 内六角扳手拆下门控器固定螺栓，取出门控器进行更换； 3. 更换完毕，恢复【残疾人厕所自动门】空开，进行开关门试验，确认作用良好后将各部件恢复到位	 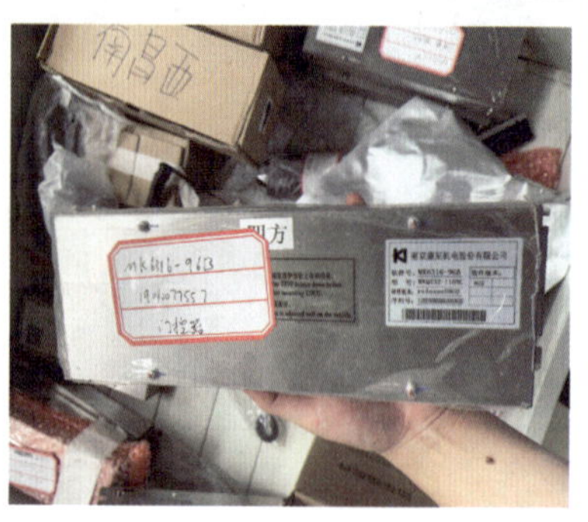
故障确认	作业完毕，确认残疾人卫生间开关门状态良好		

<table>
<tr><td>故障名称</td><td colspan="3">1.11　内端门故障</td></tr>
<tr><td>适用车型</td><td colspan="3">CRH2A 统型动车组、CRH380A 统型动车组、CRH380A 非统型动车组</td></tr>
<tr><td>工具及材料</td><td colspan="3">工具：一字螺丝刀、18 mm 叉口扳手、5 mm 内六角扳手、13 mm 棘轮扳手。
材料：光电感应开关、门控器、内端门电机</td></tr>
<tr><td>故障现象</td><td colspan="3">1. 内端门动作时卡滞并伴有声响；
2. 关门过程中自动打开；
3. 通电状态下内端门完全不动作</td></tr>
<tr><td>原因及判断</td><td colspan="3">1. 内端门动作时发生卡滞并伴有声响时，可能为门导轨上方滑轮过紧造成，可通过调节左右承载轮和防跳轮进行处理；
2. 关门过程中动作一半又自动打开，可判断为光电感应开关故障；
3. 内端门完全不动作，先检查隔离锁是否锁闭或电源开关是否拨到“ON”位，若正常，打开检修盖板，检查门两端限位开关是否处于正常位(限位开关正常时应向下翘起，故障时处于平行)，若限位开关正常，手动推拉内端门，检查是否存在机械卡滞现象，若推拉正常则可判断为门控器或电机损坏</td></tr>
<tr><td rowspan="2">处理过程</td><td>限位开关润滑</td><td>1. 将内端门电源开关拨至“OFF”位，使用一字螺丝刀拆下内端门检查盖板；
2. 使用一字螺丝刀将限位开关向下拨至正常位，检查开关弹力是否正常，若异常，使用十字螺丝刀拆下开关盖板，润滑各活动部件；
3. 将电源开关拨至“ON”位，进行开关门测试，确认故障消除后恢复检查盖板</td><td>  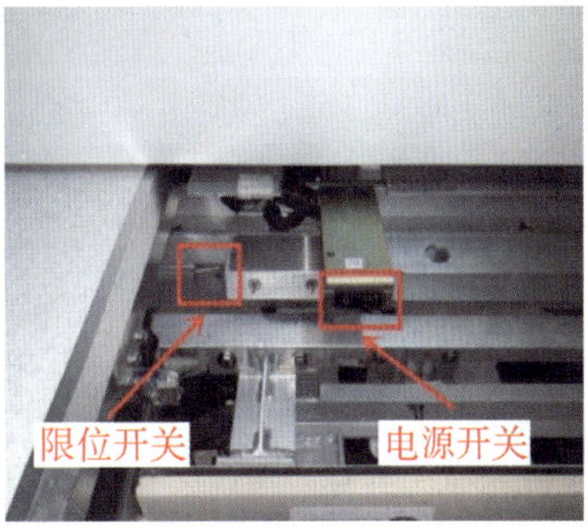限位开关
电源开关</td></tr>
<tr><td>滑轮调节</td><td>1. 将电源开关拨至“OFF”位，使用一字螺丝刀拆下内端门检查盖板；
2. 使用 18 mm 叉口扳手固定紧固螺栓的同时，根据故障情况用 6 mm 内六角扳手对左右滑车承载轮和防跳轮的位置进行调整；
3. 调节完毕，将门开关拨至“ON”位，确认故障消除后，恢复检修盖板</td><td> 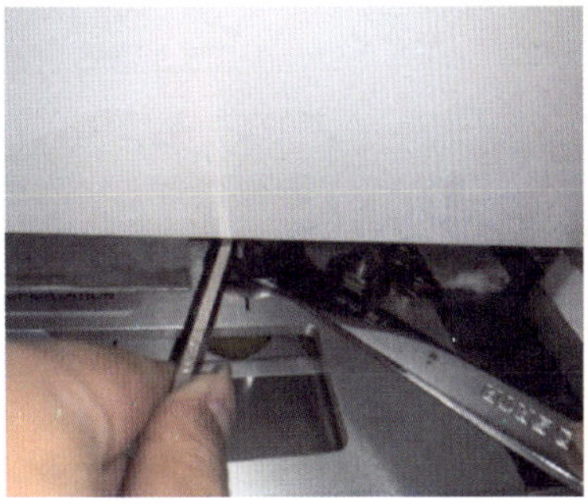</td></tr>
</table>

续上表

<table>
<tr><td rowspan="3">处理过程</td><td>光电感应开关更换</td><td>1. 使用一字螺丝刀拆下内端门上方的顶板,拔下光电感应开关接插件并取下开关进行更换;
2. 更换完毕,进行感应测试,确认内端门动作正常</td><td></td></tr>
<tr><td>门控器更换</td><td>1. 断开故障对应车厢的【自动门 1】、【自动门 2】、【自动门 3】空开;
2. 使用一字螺丝刀拆下内端门上方的顶板;
3. 使用一字螺丝刀拆下门控器接线端子螺丝,拔掉线头取下接线端子,使用 5 mm 内六角扳手拆除门控器固定螺栓后,取下故障门控器,更换新品;
4. 更换完毕,恢复【自动门 1】、【自动门 2】、【自动门 3】空开,进行感应测试,确认内端门动作正常</td><td>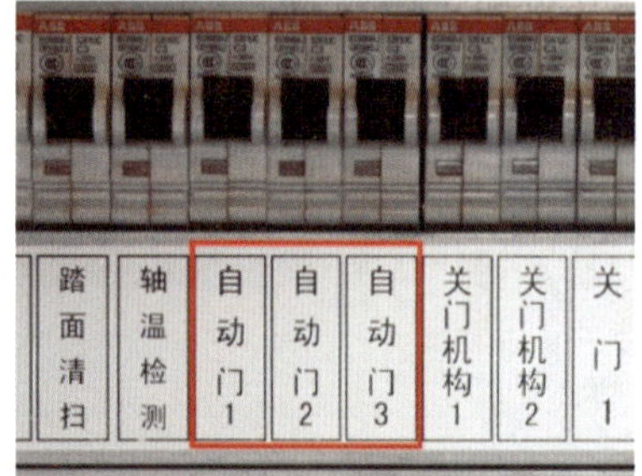</td></tr>
<tr><td>电机更换</td><td>1. 断开【自动门 1】、【自动门 2】、【自动门 3】空开;
2. 使用一字螺丝刀拆下内端门上面的顶板;
3. 拔下内端门电机接插件,使用 13 mm 棘轮扳手拆下电机安装座固定螺栓,取出电机进行更换;
4. 更换完毕,恢复【自动门 1】、【自动门 2】、【自动门 3】空开,进行感应测试,确认内端门动作正常</td><td>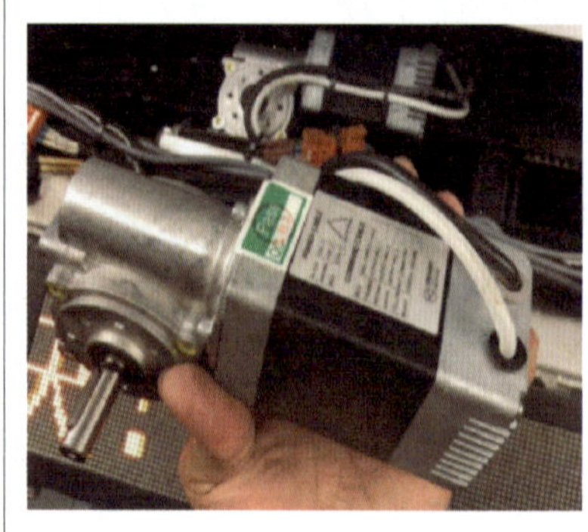</td></tr>
<tr><td>故障确认</td><td colspan="3">作业完毕,确认内端门开、关动作良好</td></tr>
</table>

<table>
<tr><td>故障名称</td><td colspan="3">1.12　筒灯故障</td></tr>
<tr><td>适用车型</td><td colspan="3">CRH2A 统型动车组、CRH380A 统型动车组、CRH380A 非统型动车组</td></tr>
<tr><td>工具及材料</td><td colspan="3">工具：一字螺丝刀、十字螺丝刀。
材料：两爪冷色筒灯、三爪暖色筒灯</td></tr>
<tr><td>故障现象</td><td colspan="3">1. 卫生间、过道或商务座(CRH380A 统型动车组)筒灯出现闪烁或熄灭现象；
2. 车厢间过道筒灯全部熄灭</td></tr>
<tr><td>原因及判断</td><td colspan="3">1. 筒灯出现闪烁可判断为筒灯插头松动或筒灯坏，熄灭则确定为筒灯坏；
2. 车厢一端过道筒灯多盏同时熄灭时(筒灯供电采用串联方式)，应采用排除法检查每盏筒灯的接插件是否松动、筒灯是否损坏。
注：卫生间、过道筒灯为两爪冷色，商务座筒灯为三爪暖色</td></tr>
<tr><td>处理过程</td><td>筒灯更换</td><td>1. 打开故障对应车厢组合配电柜，断开【应急灯】、【室内灯 1】、【室内灯 2】、【室内灯 3】空开；
2. 使用一字螺丝刀配合拆下筒灯卡簧，拔掉筒灯接插件，取下故障筒灯，更换新品；
3. 更换完毕，恢复【应急灯】、【室内灯 1】、【室内灯 2】、【室内灯 3】空开，确认故障消除</td><td>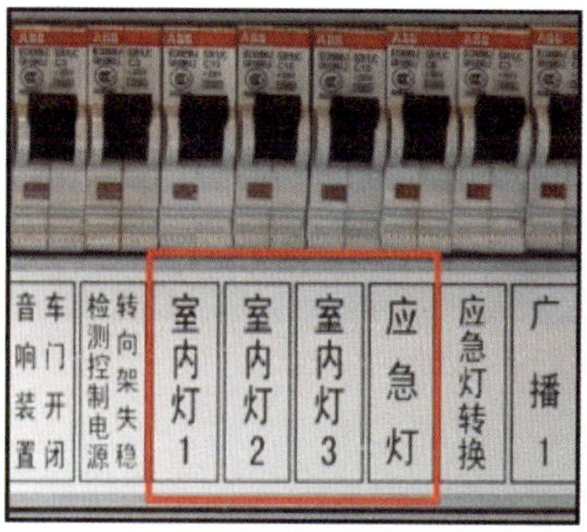

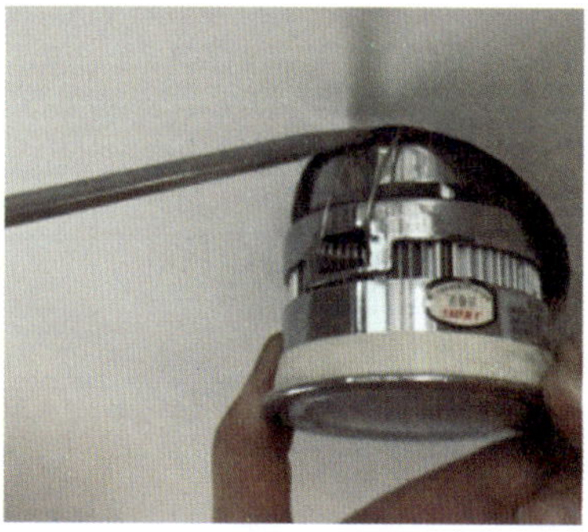
</td></tr>
<tr><td>故障确认</td><td colspan="3">作业完毕，确认照明状态良好</td></tr>
</table>

<table>
<tr><td>故障名称</td><td colspan="3">1.13　废物箱盖板故障</td></tr>
<tr><td>适用车型</td><td colspan="3">CRH2A 统型动车组、CRH380A 统型动车组、CRH380A 非统型动车组</td></tr>
<tr><td>工具及材料</td><td colspan="3">工具：十字螺丝刀、老虎钳。
材料：废物箱小弹簧</td></tr>
<tr><td>故障现象</td><td colspan="3">废物箱盖板无法回弹到位</td></tr>
<tr><td>原因及判断</td><td colspan="3">废物箱盖板无法回弹到位时，检查废物箱弹簧是否失效，若失效则更换。
注：废物箱盖板折页内设弹簧</td></tr>
<tr><td>处理过程</td><td>弹簧更换</td><td>1. 使用老虎钳卡住废物箱盖板铰链固定螺帽的同时，用十字螺丝刀松开折页固定螺母，拆下废物箱盖板；
2. 拆下盖板后，将新的弹簧安装在折页插销上，并重新安装废物箱盖板；
3. 安装完毕后，确认故障消除</td><td>
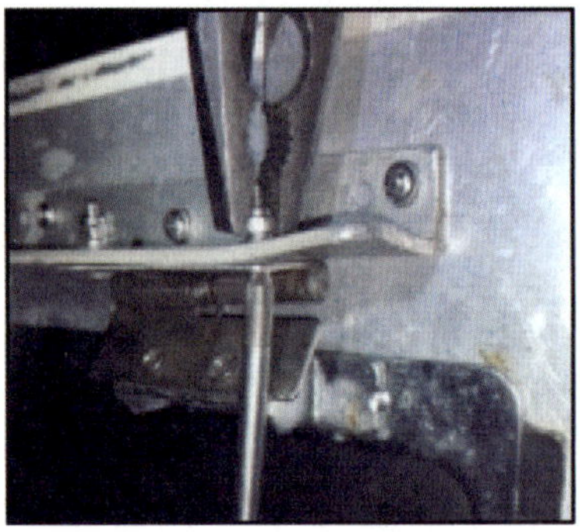</td></tr>
<tr><td>故障确认</td><td colspan="3">作业完毕，确认盖板回弹到位</td></tr>
</table>

<table>
<tr><td>故障名称</td><td colspan="3">1.14　行李架装饰盖故障</td></tr>
<tr><td>适用车型</td><td colspan="3">CRH2A 统型动车组、CRH380A 统型动车组、CRH380A 非统型动车组</td></tr>
<tr><td>工具及材料</td><td colspan="3">工具：弯嘴钳、1.5 mm 内六角扳手</td></tr>
<tr><td>故障现象</td><td colspan="3">行李架装饰盖脱出</td></tr>
<tr><td>原因及判断</td><td colspan="3">行李架装饰盖脱出可确定为装饰盖螺栓松动，需紧固</td></tr>
<tr><td>处理过程</td><td>装饰盖紧固</td><td>1. 使用弯嘴钳拧松装饰盖外壳，将装饰盖外壳取下；
2. 使用 1.5 mm 内六角扳手紧固装饰盖螺栓；
3. 紧固完毕，恢复装饰盖外壳</td><td> 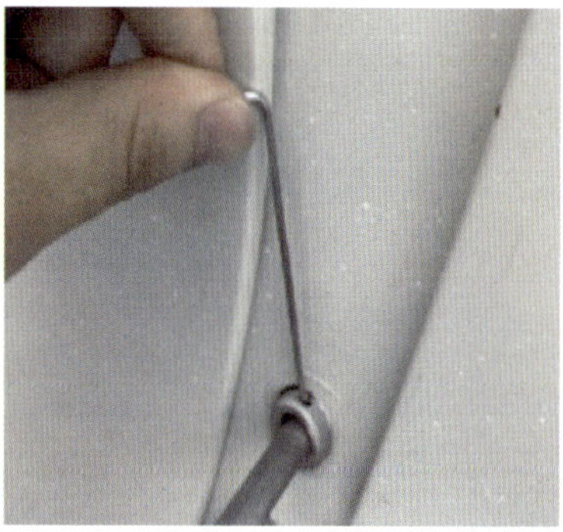</td></tr>
<tr><td>故障确认</td><td colspan="3">作业完毕，确认行李架装饰盖状态良好</td></tr>
</table>

<table>
<tr><td>故障名称</td><td colspan="3">1.15　吧台柜门故障</td></tr>
<tr><td>适用车型</td><td colspan="3">CRH2A 统型动车组、CRH380A 统型动车组、CRH380A 非统型动车组</td></tr>
<tr><td>工具及材料</td><td colspan="3">工具：4 mm 内六角扳手、水泵钳。
材料：撞击锁</td></tr>
<tr><td>故障现象</td><td colspan="3">1. 柜门无法自动锁闭；
2. 柜门松动</td></tr>
<tr><td>原因及判断</td><td colspan="3">1. 柜门无法自动锁闭时，检查锁芯是否损坏，若损坏，换撞击锁；
2. 柜门出现松动现象时，检查折页螺栓是否松动，若松动，紧固处理</td></tr>
<tr><td rowspan="2">处理过程</td><td>撞击锁更换</td><td>1. 使用水泵钳将柜门内侧的锁芯后盖拆下，将锁芯取下；
2. 更换新品锁芯并紧固到位；
3. 反复开、闭柜门，确认状态良好</td><td> 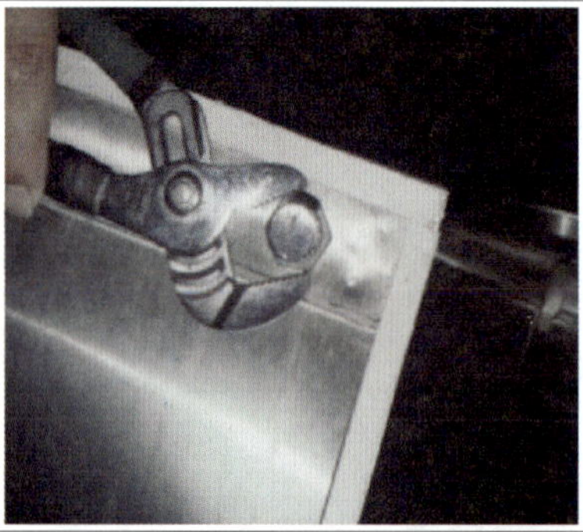</td></tr>
<tr><td>柜门松动</td><td>1. 使用 4 mm 内六角扳手紧固柜体折页安装座螺栓，若故障未消除，则用 4 mm 内六角扳手卸下柜体折页安装座螺栓，取出柜门；
2. 使用 4 mm 内六角扳手卸下柜门上的折页螺栓，取下折页，再紧固柜门折页安装座螺栓；
3. 重新恢复柜门后，确认故障消除</td><td>   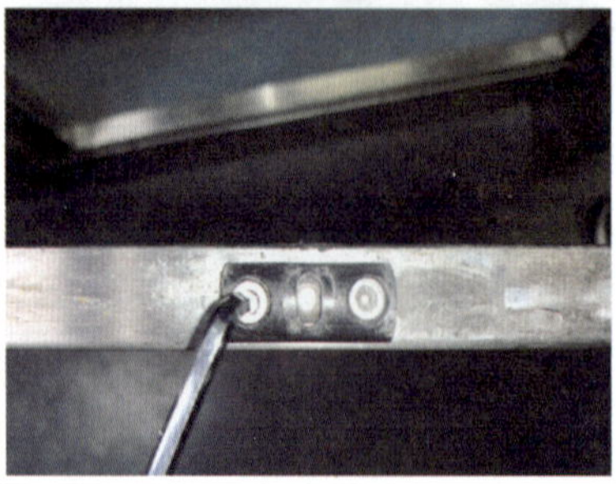</td></tr>
<tr><td>故障确认</td><td colspan="3">作业完毕，确认吧台柜门状态良好</td></tr>
</table>

<table>
<tr><td>故障名称</td><td colspan="3">1.16　CRH380A 非统型动车组商务座照明筒灯故障</td></tr>
<tr><td>适用车型</td><td colspan="3">CRH380A 非统型动车组</td></tr>
<tr><td>工具及材料</td><td colspan="3">工具：一字螺丝刀、十字螺丝刀。
材料：筒灯控制面板、两爪筒灯</td></tr>
<tr><td>故障现象</td><td colspan="3">1. 商务座筒灯出现闪烁或熄灭现象；
2. 按压控制按钮无反应</td></tr>
<tr><td>原因及判断</td><td colspan="3">1. 筒灯出现闪烁可能为筒灯插头松动或筒灯坏，熄灭则确定为筒灯坏；
2. 按压控制按钮无反应，可确认为控制面板损坏，需更换</td></tr>
<tr><td rowspan="2">处理过程</td><td>筒灯更换</td><td>1. 打开故障对应车厢组合配电柜，断开【观光区射灯】空开；
2. 使用一字螺丝刀配合拆下筒灯卡簧，拔掉筒灯接插件，用十字螺丝刀拆下筒灯地线，取下故障筒灯，更换新品；
3. 更换完毕，恢复【观光区射灯】空开，确认故障消除</td><td> 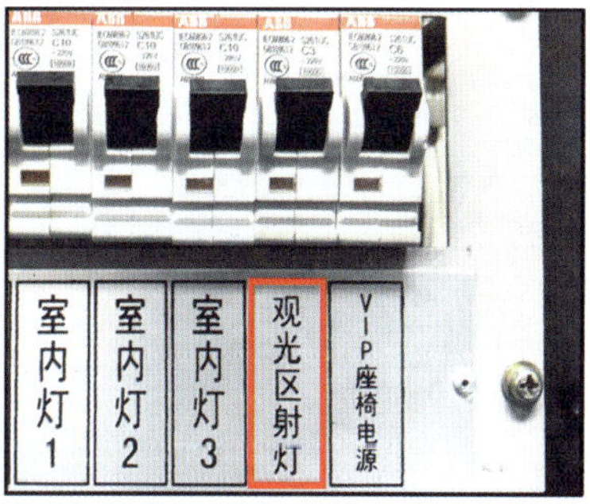 </td></tr>
<tr><td>控制面板更换</td><td>1. 打开故障对应车厢组合配电柜，断开【观光区射灯】空开；
2. 使用小一字螺丝刀挑开筒灯控制面板最外层磁吸面，用十字螺丝刀拆下控制面板安装座固定螺丝，取出安装座，用一字螺丝刀拆下接线插针，取出控制面板进行更换；
3. 更换完毕后恢复【观光区射灯】空开，确认故障消除</td><td>  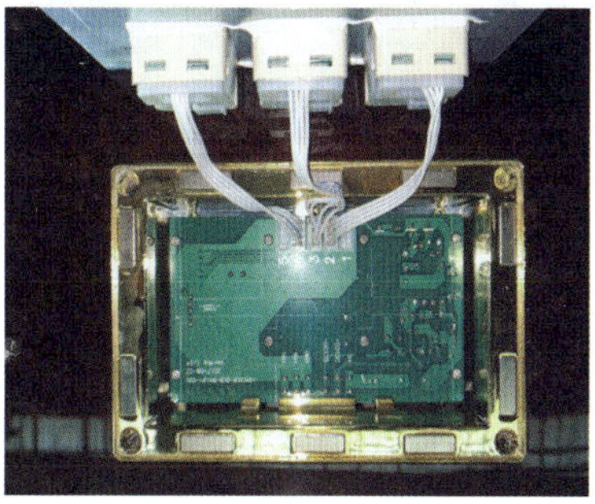</td></tr>
<tr><td>故障确认</td><td colspan="3">作业完毕，确认筒灯照明状态良好</td></tr>
</table>

<table>
<tr><td>故障名称</td><td colspan="3">1.17　CRH380A 非统型动车组商务座自动门故障</td></tr>
<tr><td>适用车型</td><td colspan="3">CRH380A 非统型动车组</td></tr>
<tr><td>工具及材料</td><td colspan="3">工具:一字螺丝刀、活动扳手、6 mm 内六角扳手、18 mm 叉口扳手。
材料:按钮开关、门控器</td></tr>
<tr><td>故障现象</td><td colspan="3">1. 自动门动作时卡滞并伴有声响;
2. 按下开门(关门)按钮时,门不动作</td></tr>
<tr><td>原因及判断</td><td colspan="3">1. 自动门动作时发生卡滞并伴有声响,可能为门导轨滑轮过紧造成,可通过调节左右承载轮和防跳轮进行处理;
2. 按下开门(关门)按钮时,自动门完全不动作,检查自动门机械隔离锁是否锁闭,若未锁闭,则更换按钮开关,若更换按钮开关后门仍不动作,手动推拉自动门,检查是否存在机械卡滞现象,若推拉正常可确定为门控器损坏</td></tr>
<tr><td rowspan="2">处理过程</td><td>滑轮调节</td><td>1. 断开故障对应车厢组合配电柜内【VIP 门】空开;
2. 使用一字螺丝刀拆下左、右自动门外侧下方检查面板;
3. 使用 18 mm 叉口扳手卡住滑轮安装座螺栓的同时,用 6 mm 内六角扳手对左右滑车的承载轮和防跳轮进行调节;
4. 调节完毕后恢复【VIP 门】空开,进行推拉实验,确认故障消除后将各部件恢复到位</td><td> 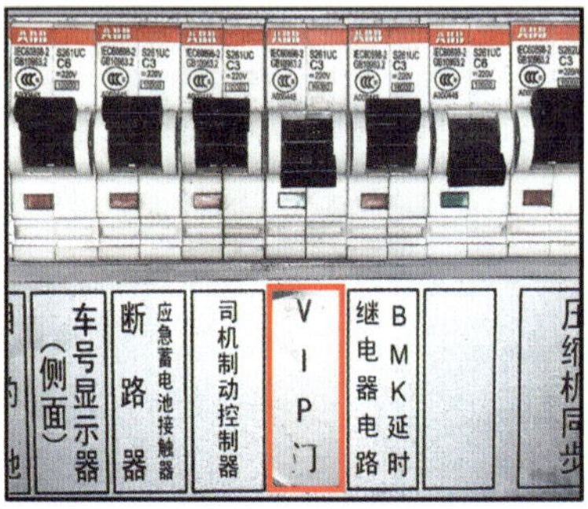 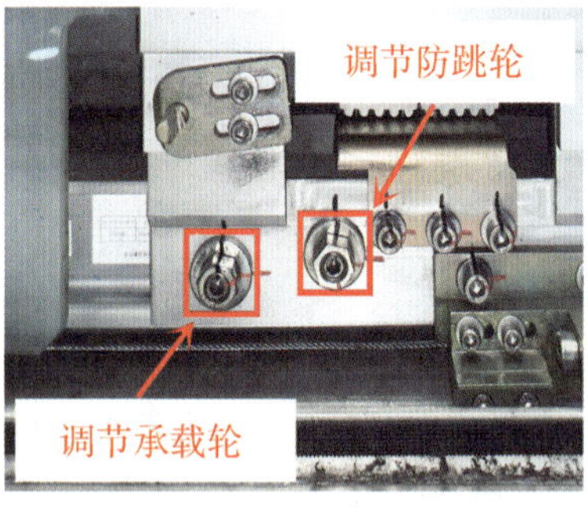</td></tr>
<tr><td>按钮开关更换</td><td>1. 断开故障对应车厢组合配电柜内【VIP 门】空开;
2. 使用一字螺丝刀挑开按钮开关外层磁吸面,拔掉接插件,取出故障按钮开关,更换新品;
3. 更换完毕,恢复【VIP 门】空开,进行开关门试验,确认故障消除</td><td> </td></tr>
</table>

<table>
<tr><td rowspan="1">处理过程</td><td>门控器更换</td><td>1. 断开故障对应车厢组合配电柜内【VIP门】空开；
2. 使用一字螺丝刀拆下右侧自动门下方的检查面板；
3. 使用 10 mm 棘轮扳手拆下门控器固定螺栓及地线螺栓，用一字螺丝刀配合拆下门控器接线端子，拔下接插件，取出故障门控器，更换新品；
4. 更换完毕，恢复【VIP 门】空开，进行开关门试验，确认故障消除</td><td></td></tr>
<tr><td>故障确认</td><td colspan="3">作业完毕，确认自动门开、关动作良好</td></tr>
</table>

<table>
<tr><td>故障名称</td><td colspan="3">1.18　平面顶灯故障</td></tr>
<tr><td>适用车型</td><td colspan="3">CRH2A 统型动车组、CRH380A 统型动车组、CRH380A 非统型动车组</td></tr>
<tr><td>工具及材料</td><td colspan="3">工具：一字螺丝刀、十字螺丝刀。
材料：平面顶灯</td></tr>
<tr><td>故障现象</td><td colspan="3">平面顶灯出现闪烁或熄灭现象</td></tr>
<tr><td>原因及判断</td><td colspan="3">1. 平面顶灯出现闪烁现象时，可确定平面顶灯接插件插针接触不良，需紧固；
2. 平面顶灯熄灭可确认为平面顶灯坏，需更换新品</td></tr>
<tr><td rowspan="2">处理过程</td><td>插针紧固</td><td>1. 断开故障对应车厢组合配电柜内【应急灯】、【室内灯 1】、【室内灯 2】、【室内灯 3】空开；
2. 使用一字螺丝刀配合拆下平面顶灯外层保护罩，用十字螺丝刀拆下平面顶灯固定螺丝；
3. 使用一字螺丝刀重新插接插针，并确认插接紧固；
4. 恢复【应急灯】、【室内灯 1】、【室内灯 2】、【室内灯 3】空开，确认故障消除</td><td> 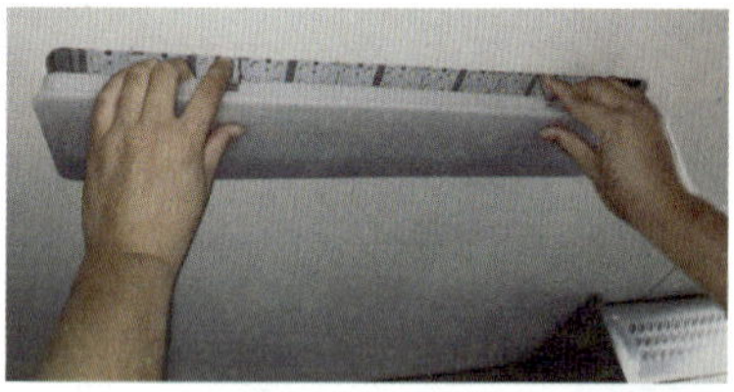 </td></tr>
<tr><td>平面顶灯更换</td><td>1. 断开故障对应车厢组合配电柜内【应急灯】、【室内灯 1】、【室内灯 2】、【室内灯 3】空开；
2. 使用一字螺丝刀配合拆下平面顶灯外层保护罩，用十字螺丝刀拆下平面顶灯固定螺丝；
3. 使用一字螺丝刀拆下接插件插针及地线，取下故障平面顶灯，更换新品；
4. 更换完毕后恢复【应急灯】、【室内灯 1】、【室内灯 2】、【室内灯 3】空开，确认故障消除</td><td> 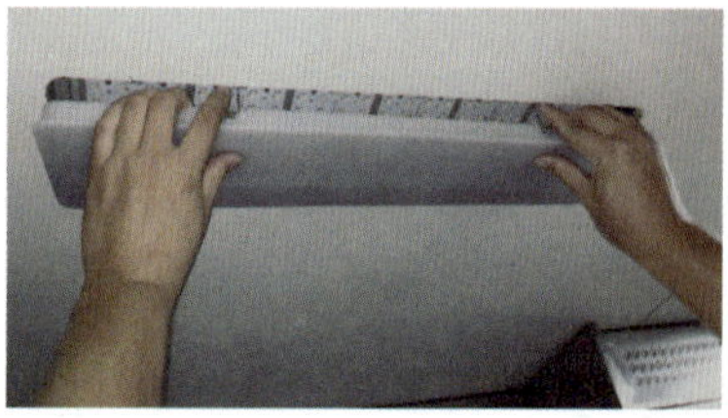 </td></tr>
<tr><td>故障确认</td><td colspan="3">作业完毕，确认平面顶灯照明状态良好</td></tr>
</table>

<table>
<tr><td>故障名称</td><td colspan="3">1.19　翻板凳故障</td></tr>
<tr><td>适用车型</td><td colspan="3">CRH2A 统型动车组、CRH380A 统型动车组、CRH380A 非统型动车组</td></tr>
<tr><td>工具及材料</td><td colspan="3">工具：十字螺丝刀、活动扳手、水泵钳。
材料：翻板凳</td></tr>
<tr><td>故障现象</td><td colspan="3">翻板凳无法回弹</td></tr>
<tr><td>原因及判断</td><td colspan="3">翻板凳无法回弹，可确定为座椅转轴弹力失效，需调节，若调节后故障未消除，则更换翻板凳</td></tr>
<tr><td rowspan="2">处理过程</td><td>座椅转轴调节</td><td>1. 使用十字螺丝刀拆下翻板凳安装座固定螺丝，取下翻板凳；
2. 使用水泵钳固定住翻板凳转轴一端的同时，用活动扳手配合调节转轴另一端（顺时针调节）；
3. 调节完毕后恢复各部件，确认翻板凳回弹正常</td><td> 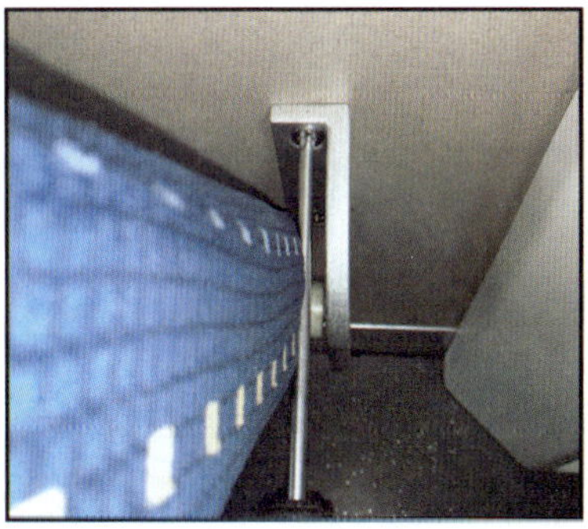 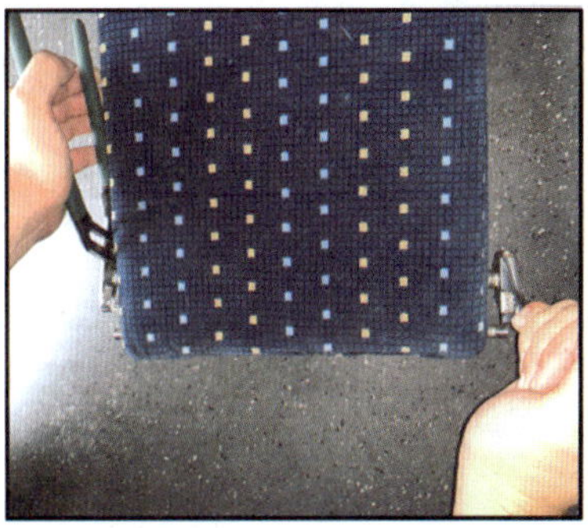</td></tr>
<tr><td>翻板凳更换</td><td>1. 使用十字螺丝刀拆下翻板凳安装座固定螺丝，取下翻板凳；
2. 将新翻板凳两端对准孔位，固定到安装座上，使用十字螺丝刀紧固安装座固定螺丝；
3. 紧固后确认翻板凳回弹正常</td><td> 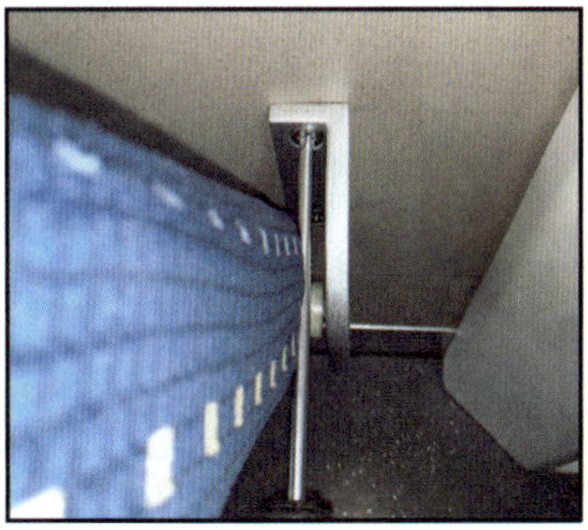</td></tr>
<tr><td>故障确认</td><td colspan="3">作业完毕，确认翻板凳回弹良好</td></tr>
</table>

第2章 给水卫生系统

故障名称	2.1 便器碟阀故障
适用车型	CRH2A统型动车组、CRH380A统型动车组、CRH380A非统型动车组
工具及材料	工具：十字螺丝刀、斜口钳、一字螺丝刀、丁字扳手、8 mm棘轮扳手、10 mm棘轮扳手、17 mm棘轮扳手、38件套。 材料：扎带、绝缘胶带、碟阀传感器、碟阀组件、润滑油
故障现象	1. DTC显示故障代码08、11(CRH380A非统型动车组DTC显示故障代码08、10)，坐便器不能正常排污； 2. DTC显示故障代码09、12(CRH380A非统型动车组DTC显示故障代码09、11)，蹲便器不能正常排污
原因及判断	1. 当DTC显示故障代码09、12(CRH380A非统型动车组DTC显示故障代码09、11)，蹲便器不能正常排污时，按下故障对应车厢污物配电柜内【DTC复位】按钮进行复位操作后，按压便器冲洗按钮确认故障是否消除，若故障未消除，拆下故障对应车厢污物箱裙板及碟阀箱盖板，通知车上配合人员按压Q01电磁阀按钮，并观察车下碟阀动作情况和传感器指示灯状态： (1)若传感器指示灯常亮但碟阀不动作(气缸活塞及摆杆不动作)，检查碟阀组件是否存在卡滞或配件松动、脱落等情况，若检查无异常，则更换碟阀组成； (2)若传感器指示灯不亮且碟阀不动作，先调整碟阀传感器位置，调整后若故障未消除，需更换碟阀传感器，若更换传感器后故障仍未消除，更换碟阀组件。 2. 当DTC显示故障代码08、11(CRH380A非统型动车组DTC显示故障代码08、10)，坐便器不能正常排污时，按下故障对应车厢污物配电柜内【DTC复位】按钮进行复位操作后，按压便器冲洗按钮确认故障是否消除，若故障未消除，拆下坐便器罩盖后按下Q01电磁阀按钮，观察碟阀动作(气缸活塞及摆杆)情况及传感器指示灯状态： (1)若传感器指示灯常亮且碟阀不动作，先确认碟阀组件(活塞杆与摆杆连接状态)外观良好，按下Q01电磁阀按钮，若此时活塞杆不动作，先润滑气缸活塞杆，润滑后故障仍未消除，需更换碟阀组成； (2)若传感器指示灯不亮，先调整传感器位置，调整后若故障未消除，更换碟阀传感器，若更换传感器后故障仍未消除，更换碟阀组件。 3. 若上述检查均无异常，可确定为Q01电磁阀故障，更换Q01电磁阀

处理过程	蹲便器碟阀传感器更换	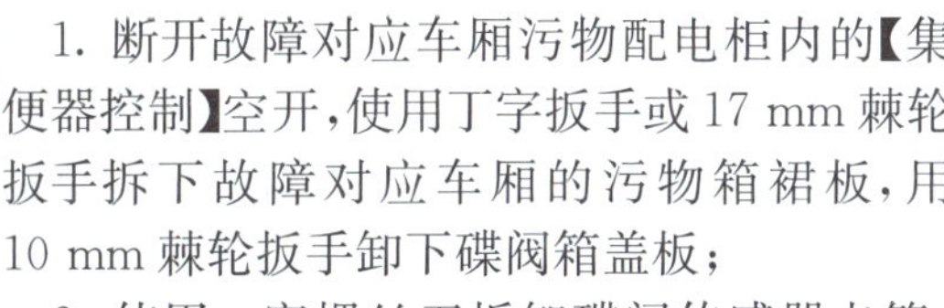 1. 断开故障对应车厢污物配电柜内的【集便器控制】空开，使用丁字扳手或 17 mm 棘轮扳手拆下故障对应车厢的污物箱裙板，用 10 mm 棘轮扳手卸下碟阀箱盖板； 2. 使用一字螺丝刀拆卸碟阀传感器卡箍，用斜口钳将传感器线扎带剪断； 3. 使用斜口钳将传感器接线剪断，取下碟阀传感器，用一字螺丝刀松开碟阀传感器固定螺丝，从安装座上取出传感器并进行更换； 4. 将碟阀传感器紧固在安装座上后，对传感器端、便器端线缆进行桥接，并使用绝缘胶带做好绝缘处理； 5. 更换完毕后恢复【集便器控制】空开，按压便器冲洗按钮确认故障是否消除，确认故障消除后使用扎带将碟阀传感器配线捆扎牢固； 6. 恢复相应盖板及裙板	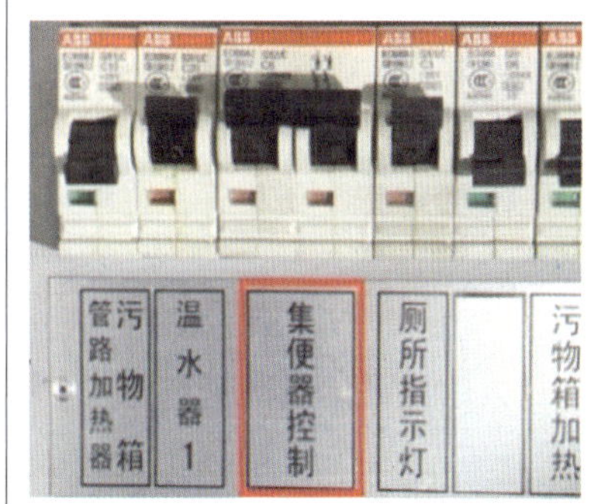 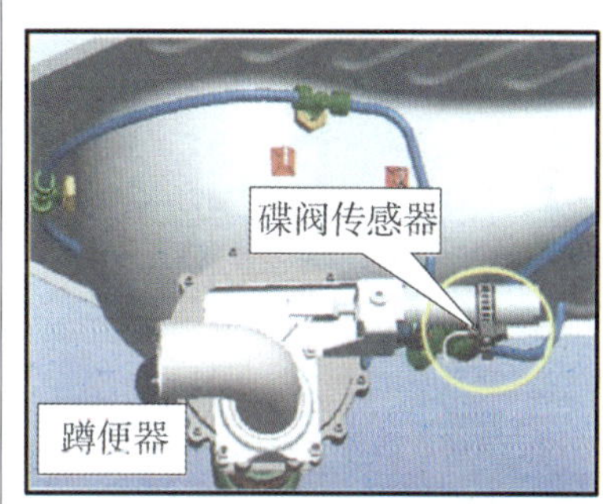 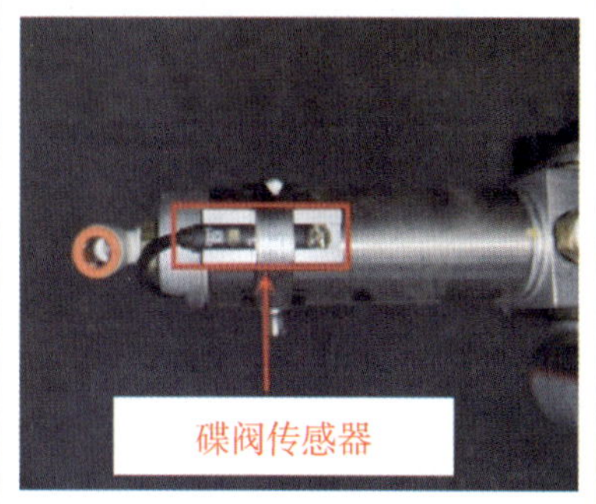
	蹲便器位置传感器调整	1. 使用丁字扳手或 17 mm 棘轮扳手拆下故障对应车厢的污物箱裙板，用 10 mm 棘轮扳手卸下碟阀检查盖板，使用一字螺丝刀拆卸碟阀传感器卡箍，用斜口钳将传感器线扎带剪断； 2. 左右调节碟阀传感器的位置，并通知车上配合人员按压 Q01 电磁阀按钮，确认传感器指示灯点亮； 3. 作业完毕，确认故障消除后，恢复碟阀检查盖板及污物箱裙板	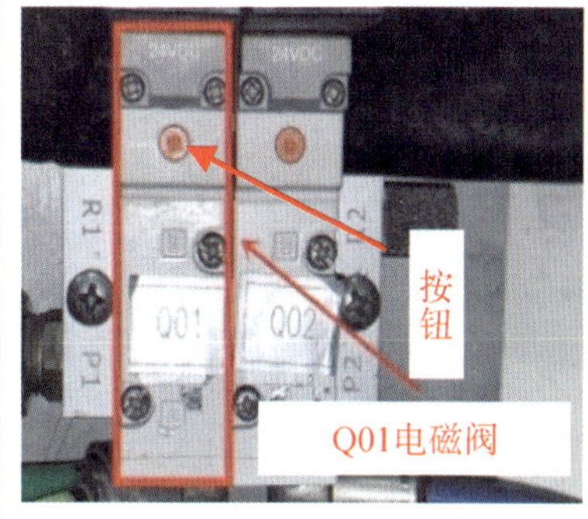

处理过程	蹲便器碟阀动作不良	1. 断开故障对应车厢污物配电柜内的【集便器控制】空开，使用丁字扳手或 17 mm 棘轮扳手拆下故障对应车厢的污物箱裙板，用 10 mm 棘轮扳手卸下碟阀检查盖板； 2. 使用一字螺丝刀拆下排污管的喉箍，用 10 mm 棘轮扳手卸下碟阀固定螺栓（2 只），取下碟阀组件； 3. 拉动气缸活塞，检查活塞杆是否存在卡滞、活塞杆与摆杆连接是否正常； 4. 重新组装碟阀组件； 5. 恢复【集便器控制】空开，按压 Q01 电磁阀按钮，确认故障消除； 6. 恢复碟阀检查盖板及污物箱裙板	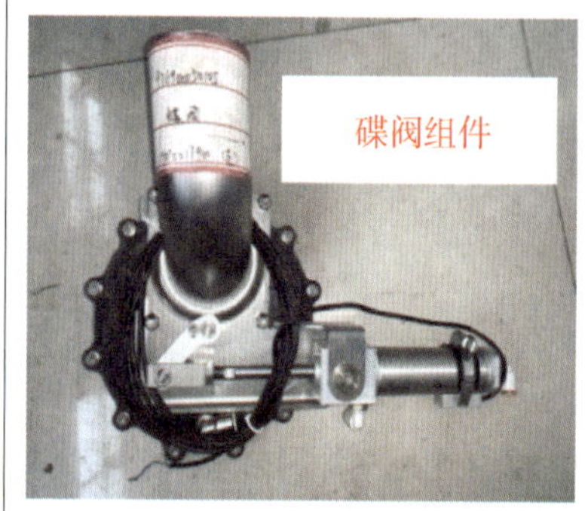
	蹲便器碟阀组成更换	1. 断开故障对应车厢污物配电柜内的【集便器控制】空开； 2. 使用丁字扳手或 17 mm 棘轮扳手拆下故障对应车厢的污物箱裙板，用 10 mm 棘轮扳手拆下碟阀检查盖板； 3. 使用一字螺丝刀拆下排污管的喉箍； 4. 使用 10 mm 棘轮扳手卸下碟阀固定螺栓，拆下碟阀组成； 5. 更换新品碟阀组件； 6. 恢复【集便器控制】空开，确认故障消除后，恢复碟阀检查盖板及污物箱裙板	
	坐便器碟阀气缸润滑	1. 使用十字螺丝刀拆掉便器罩盖固定螺丝，取下罩盖； 2. 打开检查柜，在按压 Q01 电磁阀按钮同时，使用一字螺丝刀向图示方向推动活塞杆； 3. 使用润滑油对气缸活塞杆进行润滑； 4. 反复按压 Q01 电磁阀按钮，确认故障消除后将各部件恢复到位	

<table>
<tr><td rowspan="3">处理过程</td><td>坐便器碟阀传感器更换</td><td>1. 断开故障对应车厢污物配电柜内的【集便器控制】空开，使用十字螺丝刀拆下便器罩盖固定螺丝，取下罩盖；
2. 使用一字螺丝刀拆卸碟阀传感器卡箍，用斜口钳将传感器线扎带剪断；
3. 使用斜口钳将传感器接线剪断，取下碟阀传感器，用一字螺丝刀松开碟阀传感器固定螺丝，从安装座上取出传感器并进行更换；
4. 将碟阀传感器紧固在安装座上后，对传感器端、便器端线缆进行桥接，并使用绝缘胶带做好绝缘处理；
5. 恢复【集便器控制】空开，按压便器冲洗按钮确认故障消除；
6. 确认故障消除后，使用扎带及卡箍将碟阀传感器配线及传感器紧固到位，恢复便器罩盖</td><td>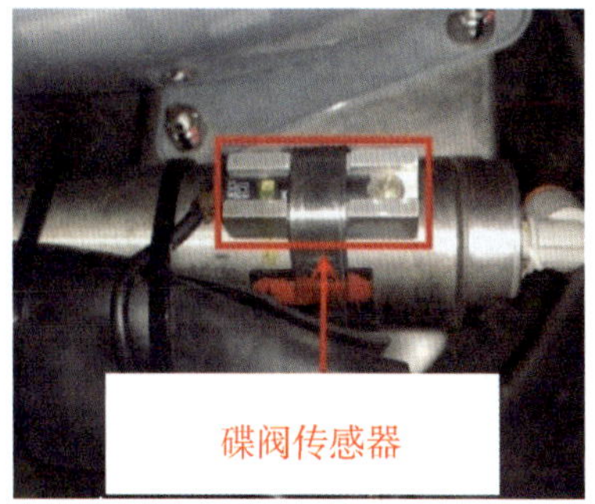
</td></tr>
<tr><td>坐便器传感器调整</td><td>1. 使用十字螺丝刀拆掉便器罩盖固定螺丝，取下罩盖；
2. 使用斜口钳剪掉碟阀传感器扎带，再用一字螺丝刀将碟阀传感器线卡箍螺栓松开；
3. 左右调节碟阀传感器位置，按压 Q01 电磁阀按钮，确认传感器指示灯点亮；
4. 将各部件恢复到位，确认故障消除</td><td>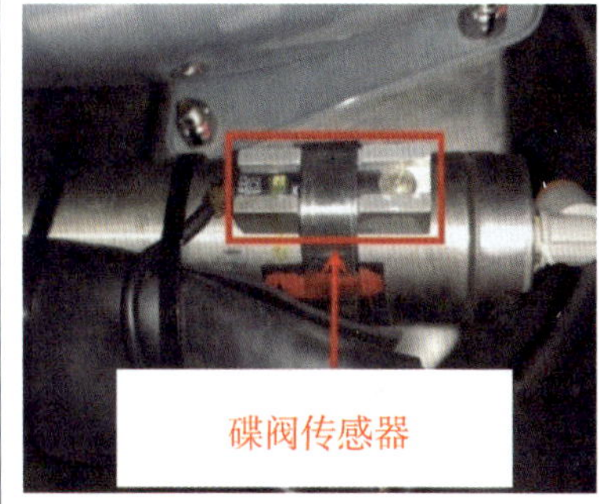
</td></tr>
<tr><td>坐便器碟阀动作不良</td><td>1. 使用十字螺丝刀拆下便器罩盖固定螺丝，取下罩盖；
2. 检查活塞杆是否存在卡滞，若卡滞，对活塞杆进行润滑；
3. 确认活塞杆与摆杆连接是否良好，若松动，对其紧固；
4. 确认故障消除后恢复便器罩盖</td><td>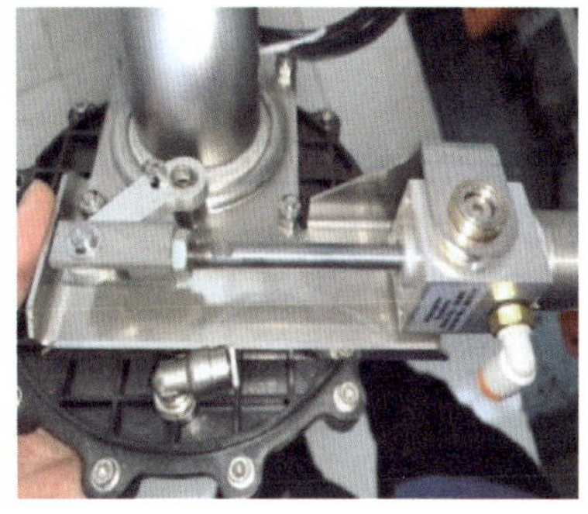</td></tr>
</table>

<table>
<tr><td rowspan="2">处理过程</td><td>坐便器碟阀组件更换</td><td>1. 断开故障对应车厢污物配电柜内的【集便器控制】空开，使用十字螺丝刀拆卸便器罩盖固定螺丝，取出罩盖；
2. 使用 8 mm 棘轮扳手拆下排污管的喉箍，松开管路紧固件；
3. 使用 10 mm 棘轮扳手和 38 件套卸下碟阀固定螺栓，拆下碟阀组件；
4. 更换新品碟阀组件；
5. 更换完毕，恢复【集便器控制】空开；
6. 确认故障消除后，恢复便器罩盖</td><td></td></tr>
<tr><td>Q01电磁阀更换</td><td>1. 断开故障对应车厢污物配电柜内的【集便器控制】空开，关闭主气源压力开关；
2. 使用十字螺丝刀拆下电磁阀电源插头固定螺丝，将插头拔出；
3. 使用十字螺丝刀拆下电磁阀固定螺丝，取下电磁阀并更换新品；
4. 更换完毕，恢复【集便器控制】空开及主气源压力开关，确认故障消除</td><td>

</td></tr>
<tr><td>故障确认</td><td colspan="3">处理完毕，确认便器功能状态良好</td></tr>
</table>

<table>
<tr><td>故障名称</td><td colspan="3">2.2　便器堵塞</td></tr>
<tr><td>适用车型</td><td colspan="3">CRH2A 统型动车组、CRH380A 统型动车组</td></tr>
<tr><td>工具及材料</td><td colspan="3">工具：十字螺丝刀、活动扳手、斜口钳、一字螺丝刀、丁字扳手、17 mm 棘轮扳手、10 mm 棘轮扳手。
材料：扎带、防护服</td></tr>
<tr><td>故障现象</td><td colspan="3">1. DTC 不显示故障代码，按压便器冲洗按钮，蹲便器内污物无法下排，同车厢坐便器可正常使用；
2. DTC 不显示故障代码，按压便器冲洗按钮，坐便器内污物无法下排，同车厢蹲便器可正常使用；
3. DTC 不显示故障代码，按压便器冲洗按钮，蹲便器和坐便器均无法正常排污</td></tr>
<tr><td>原因及判断</td><td colspan="3">1. 按压便器冲洗按钮，故障车厢蹲便器内污物无法下排，但同车厢坐便器仍可正常使用时，可确定蹲便器排污口至中转箱之间的管路堵塞，需进行反喷疏通，若反喷无效，则拆开相应管路进行疏通；
2. 按压便器冲洗按钮，故障车厢坐便器内污物无法下排，但同车厢蹲便器仍可正常使用时，可确定坐便器排污口至中转箱之间的管路堵塞，需进行反喷疏通，若反喷无效，则拆开相应管路进行疏通；
3. 按压便器冲洗按钮，蹲便器和坐便器污物均无法下排，可确定为便器(蹲便、坐便)与中转箱之间的三通管路堵塞，此时可挑选任一便器进行反喷疏通，若反喷无效，则拆开相应管路进行疏通</td></tr>
<tr><td>处理过程</td><td>蹲便器疏通</td><td>1. 打开卫生间内侧墙上方检查柜门，关掉主气源压力开关，将 Q01 电磁阀下方黄、绿细管拔出后反接。
2. 使用活动扳手松开检查柜内黄、蓝粗管紧固螺栓，将风管拔出后反接。
注：CRH380A 统型动车组蹲便卫生间内的黄、蓝粗管位于卫生间上方检修柜门内，CRH2A 统型动车组蹲便卫生间内的黄、蓝粗管位于卫生间下方检修柜门内。
3. 管路反接完成后，恢复主气源压力开关，通过合、断【集便器控制】空开操作进行反喷，直至堵塞物被排出。
注：反喷前应使用遮盖物盖住便池，防止反喷时污物飞溅。
4. 故障排除后，将各管路恢复至正常位置。
5. 恢复【集便器控制】空开和主气源压力开关</td><td>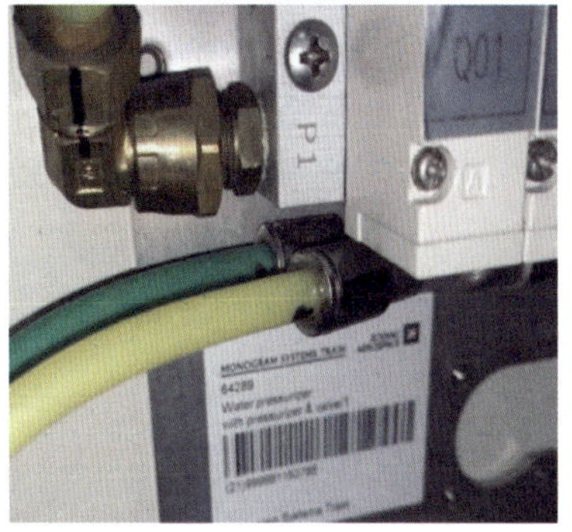</td></tr>
</table>

<table>
<tr>
<td rowspan="3">处理过程</td>
<td>蹲便器疏通</td>
<td>1. 打开卫生间内侧墙上方检查柜门，关掉主气源压力开关，将 Q01 电磁阀下方黄、绿细管拔出后反接。
2. 使用活动扳手松开检查柜内黄、蓝粗管紧固螺栓，将风管拔出后反接。
注：CRH380A 统型动车组蹲便卫生间内的黄、蓝粗管位于卫生间上方检修柜门内，CRH2A 统型动车组蹲便卫生间内的黄、蓝粗管位于卫生间下方检修柜门内。
3. 管路反接完成后，恢复主气源压力开关，通过合、断【集便器控制】空开操作进行反喷，直至堵塞物被排出。
注：反喷前应使用遮盖物盖住便池，防止反喷时污物飞溅。
4. 故障排除后，将各管路恢复至正常位置。
5. 恢复【集便器控制】空开和主气源压力开关</td>
<td>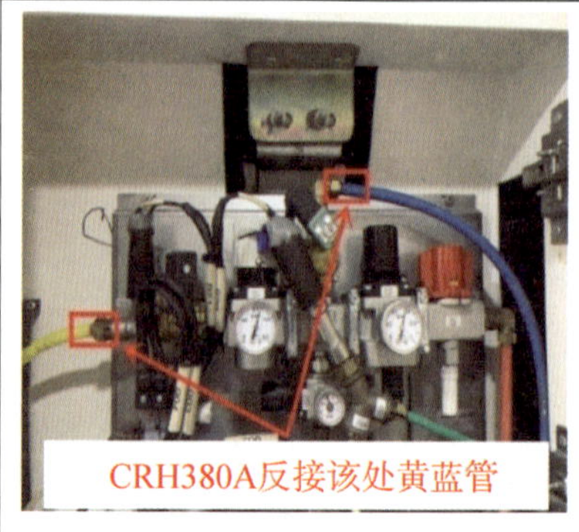

</td>
</tr>
<tr>
<td>三通管疏通</td>
<td>1. 断开故障对应车厢污物配电柜内的【集便器控制】空开，使用丁字扳手和 17 mm 棘轮扳手拆下故障对应车厢的污物箱裙板；
2. 使用斜口钳剪断三通管扎带，用一字螺丝刀将三通管两端的卡箍拆下并取出三通管，对管路进行疏通；
3. 疏通完成后，恢复三通管；
4. 恢复【集便器控制】空开，按压便器冲洗按钮，确认故障消除后恢复污物箱裙板</td>
<td></td>
</tr>
<tr>
<td>坐便器疏通</td>
<td>1. 打开卫生间内侧墙上方检查柜门，关闭主气源压力开关(主气源压力开关在蹲便间，01 车、00 车除外)。
2. 打开坐便间侧墙上方检查柜门，将 Q01 电磁阀下方黄、绿细管拔出后反接。
3. 使用活动扳手松开蹲便间检查柜内黄、蓝粗管紧固螺栓并拔出进行反接。
注：
(1)CRH2A 统型动车组 01 车坐便卫生间黄、蓝粗管位于该卫生间相邻组合配电柜内(打开配电柜外门左上方即可见)，其他车厢黄、蓝粗管位于蹲便间侧墙下方检查柜门内</td>
<td>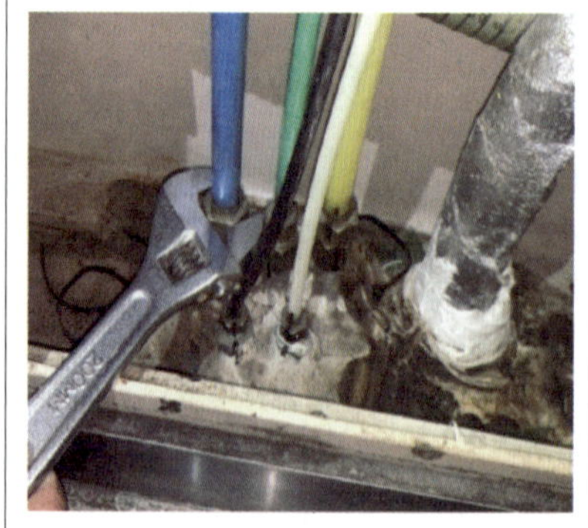</td>
</tr>
</table>

<table>
<tr><td rowspan="2">处理过程</td><td>坐便器疏通</td><td>(2)CRH380A 统型动车组 01 车、00 车坐便卫生间内的黄、蓝粗管位于该卫生间相邻的废物箱柜门内(打开废物箱柜门,将垃圾小车拉出即可见),其他车厢黄、蓝粗管位于蹲便间侧墙上方检查柜门内。
4. 管路反接完成后,恢复主气源压力开关,通过合、断【集便器控制】空开进行反喷操作,直至堵塞物被排出。
注:反喷前应使用遮盖物盖住便池,防止反喷时污物飞溅。
5. 断开【集便器控制】空开、关闭主气源压力开关,将各管路恢复至正常位置。
6. 恢复【集便器控制】空开和主气源压力开关</td><td>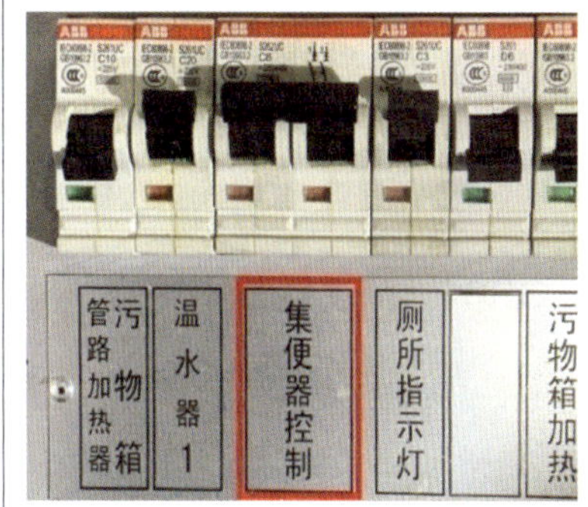
</td></tr>
<tr><td>坐便器弯头连接处疏通</td><td>1. 断开故障对应车厢污物配电柜内的【集便器控制】空开,关闭主气源压力开关;
2. 使用十字螺丝刀拆下便器罩盖的固定螺丝并取下便器罩盖,用 10 mm 棘轮扳手拆下弯头固定螺栓,取下弯头进行清理;
3. 清理完毕,恢复【集便器控制】空开和主气源压力开关,确认故障消除后将各部件恢复到位</td><td></td></tr>
<tr><td>故障确认</td><td colspan="3">处理完毕,确认便器工作状态良好</td></tr>
</table>

故障名称	2.3 DTC 显示故障代码 04(给水系统故障)
适用车型	CRH2A 统型动车组、CRH380A 统型动车组、CRH380A 非统型动车组
工具及材料	工具:十字螺丝刀、4 mm 内六角扳手、10 mm 棘轮扳手、丁字扳手、17 mm 棘轮扳手、万用表、一字螺丝刀、3 mm 内六角扳手、活动扳手、17 mm 内六角扳手。 材料:排水电磁阀、进水电磁阀、PLC 模块、液位电极开关、电磁阀电源插头、压力开关、电磁阀继电器、润滑油、细砂纸
故障现象	1. 按压便器冲洗按钮,便器无法正常排污,DTC 显示故障代码 04 且复位无效; 2. 车下水封处有漏水现象
原因及判断	1. 打开故障对应车厢污物配电柜,检查 DTC 面板上防冻排空和水系统复位按钮,是否处于关闭位。 2. 检查给水卫生系统各进、排水电磁阀是否存在故障: (1)水泵室进水电磁阀 Y01:在工作时,电磁阀工作灯亮、进水管路处于开启状态,非工作状态下,电磁阀工作灯熄灭、进水管路处于关闭状态。断开【水泵电源】空开,拔下排水电磁阀 Y02、Y03 相连管路的快速接头,检查是否有水一直流出,若是,则进水电磁阀 Y01 故障,需清理或更换。 (2)水泵室排水电磁阀 Y02、Y03:在工作时,电磁阀工作灯亮、排水管路处于关闭状态,非工作状态下,电磁阀工作灯熄灭、排水管路处于开启状态。该电磁阀存在卡滞时,车下水封处会持续排水。 (3)当车上水箱液位显示灯持续闪烁时,拔下 Y02、Y03 电磁阀电源插头,确认车上水箱液位显示灯是否继续闪烁,若停止闪烁,可确认电磁阀接地,需更换电磁阀。 (4)卫生间、电茶炉排水电磁阀:在工作时,电磁阀工作灯亮、排水管路处于关闭状态,非工作状态下,电磁阀工作灯熄灭、排水管路处于开启状态。当该电磁阀存在卡滞情况时,车下水封处会持续排水。 (5)检查水泵旁红色清空阀门是否关闭到位(车下水泵室),正常向右旋紧则为关闭状态。 (6)检查电磁阀电源插头状态,确认无接触不良或烧蚀现象,若插头接触不良或烧蚀,则需紧固或更换。 3. 水泵故障判断: (1)检查污物配电柜内【水泵电源】空开是否闭合,闭合状态下出线端是应为 DC 100 V 电压,若异常,则检查 SSR 继电器输入、输出端电压; (2)SSR 继电器上端两根线桩电压应为 DC 110 V,下端两根线桩电压应为 DC 24 V,若异常则更换该继电器; (3)5 号车厢水泵故障时,打开污物配电柜,【水泵电源】空开输入端应为 AC 100 V,输出端应为 DC 24 V。 4. 当水泵电压正常,但是不出水故障判断: (1)打开水泵室内配电箱,正常时,KA2、KA3 继电器应常亮;若异常,则重新拔插或更换; (2)确认总阀门处于开启状态(车上水箱总阀门位于水泵室内靠近水箱处); (3)拆卸叶轮前盖板,检查叶轮动作是否卡滞; (4)检查水泵压力开关红、蓝接线是否导通。 注:使用万用表检测配电箱内接线时,需将万用表调至通断位,将插针分别压接在线桩上,当万用表发出蜂鸣声时,表明该设备通断正常

<table>
<tr><td>原因及判断</td><td colspan="3">5. PLC 故障的判断：
PLC 故障可通过 PLC 面板指示灯状态进行确认：自上而下第一个灯(红色)为电源指示灯，应常亮。第二个灯(绿色)在正常情况下应持续闪烁。第三个灯(红色)常亮时，为 PLC 故障指示。
6. 液位电极开关故障判断：
检查水泵室托水盘内是否存在积水，若将积水清除后故障仍未消除，可确定为液位电极开关故障</td></tr>
<tr><td rowspan="2">处理过程</td><td>电茶炉排水电磁阀清理</td><td>1. 断开故障对应车厢污物配电柜【开水炉加热电源】、【开水炉控制电源】空开后，打开电茶炉检查柜门，使用十字螺丝刀将排水电磁阀电源插头拆下；
2. 使用一字螺丝刀松开电磁阀阀头固定卡扣，取下阀头，用水泵钳拧松电磁阀阀芯，用 3 mm 内六角扳手拆下排水电磁阀底座的四颗固定螺栓，取下排水电磁阀；
3. 取出排水电磁阀后，将阀芯取出，用细砂纸对电磁阀内锈蚀部位进行清理，清理完毕后涂上润滑油再进行组装，确保各部件安装到位；
4. 恢复【开水炉加热电源】、【开水炉控制电源】空开，确认故障消除</td><td>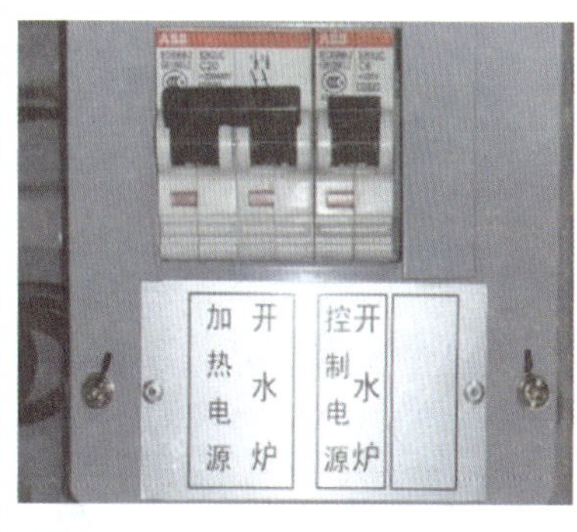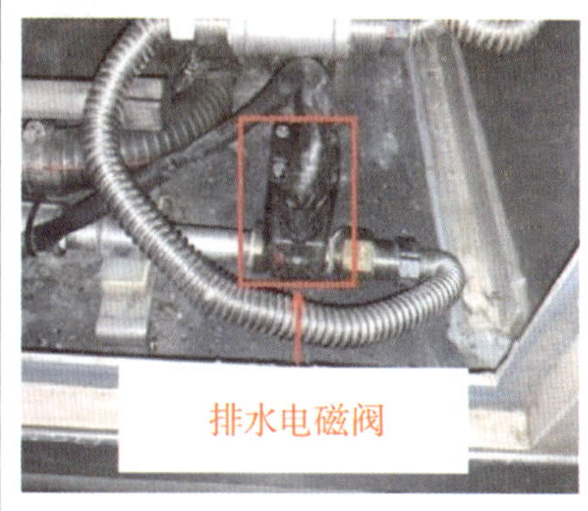</td></tr>
<tr><td>卫生间排水电磁阀清理</td><td>1. 断开故障对应车厢污物配电柜中【集便器控制】空开后，打开卫生间侧墙下方检查柜门，使用十字螺丝刀将排水电磁阀电源插头拆下；
2. 使用一字螺丝刀松开电磁阀阀头固定卡扣，取下阀头，用水泵钳拧松电磁阀阀芯，用 3 mm 内六角扳手拆下排水电磁阀底座的四颗固定螺栓，取出排水电磁阀</td><td>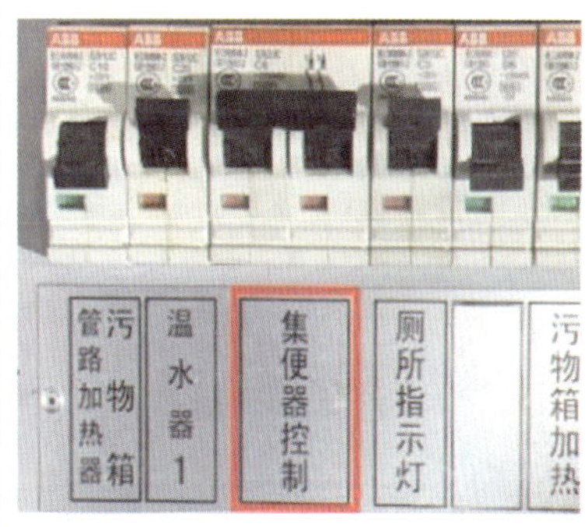</td></tr>
</table>

<table>
<tr><td rowspan="3">处理过程</td><td>卫生间排水电磁阀清理</td><td>3. 取出排水电磁阀后，将阀芯取出，使用细砂纸对电磁阀内锈蚀部位进行清理，清理完毕后涂上润滑油再进行组装，确保各部件安装到位；
4. 恢复【集便器控制】空开，确认故障消除</td><td></td></tr>
<tr><td>水泵排水电磁阀清理</td><td>1. 断开故障对应车厢污物配电柜内【水泵电源】空开；
2. 使用十字螺丝刀松开排水电磁阀电源插头螺丝并拔下电源插头；
3. 使用十字螺丝刀拆下电磁阀安装螺栓，取出排水电磁阀并清理电磁阀内可视的水垢及异物；
4. 清理完毕后恢复各部件，闭合【水泵电源】空开，确认故障消除</td><td>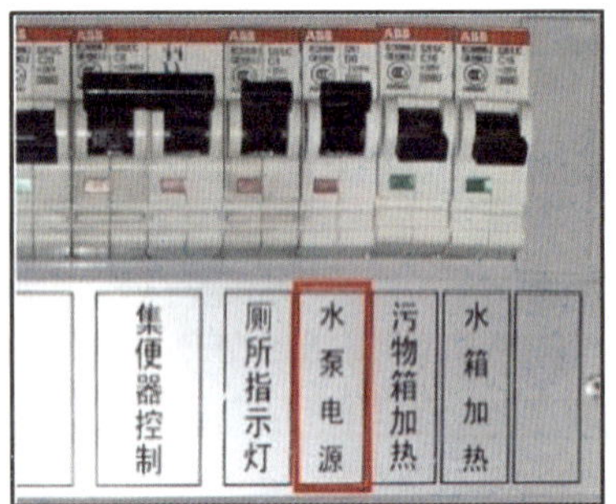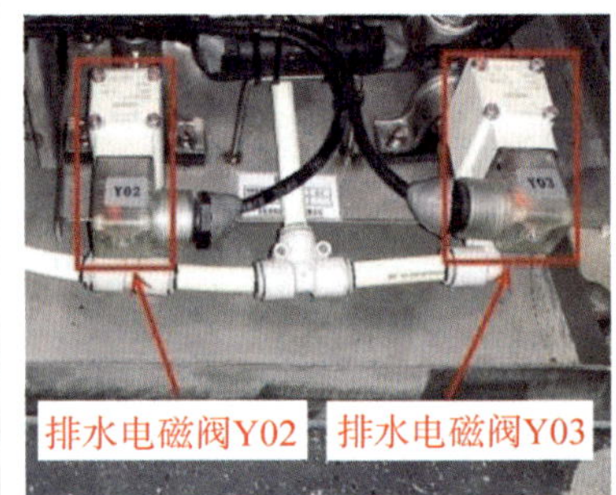</td></tr>
<tr><td>水泵进水电磁阀清理</td><td>1. 断开故障对应车厢污物配电柜内【水泵电源】空开，将水箱进水阀门旋至垂直位；
2. 使用十字螺丝刀拆下进水电磁阀电源插头，用 4 mm 内六角扳手拆下进水电磁阀底座的四颗固定螺栓，取下进水电磁阀；
3. 取出进水电磁阀后，将阀芯取出，使用细砂纸对电磁阀内锈蚀部位进行清理，清理完毕后涂上润滑油，将阀芯胶垫对准阀体孔位进行组装；
4. 组装完毕，将进水电磁阀固定在电磁阀底座上，恢复电源插头；
5. 将水箱进水阀门旋至平行位，恢复【水泵电源】空开，确认故障消除</td><td></td></tr>
</table>

<table>
<tr><td rowspan="3">处理过程</td><td>电磁阀插头紧固或更换</td><td>1. 断开故障对应车厢污物配电柜内【水泵电源】空开。
2. 使用十字螺丝刀紧固电磁阀电源插头。
3. 顺时针紧固插头接线。
4. 若存在烧蚀现象则更换电磁阀插头：
(1)使用十字螺丝刀松开电磁阀电源插头螺丝，拔下电源插头；
(2)旋下插头接线，更换新插头。
5. 紧固或更换完毕后恢复【水泵电源】空开，确认故障消除</td><td>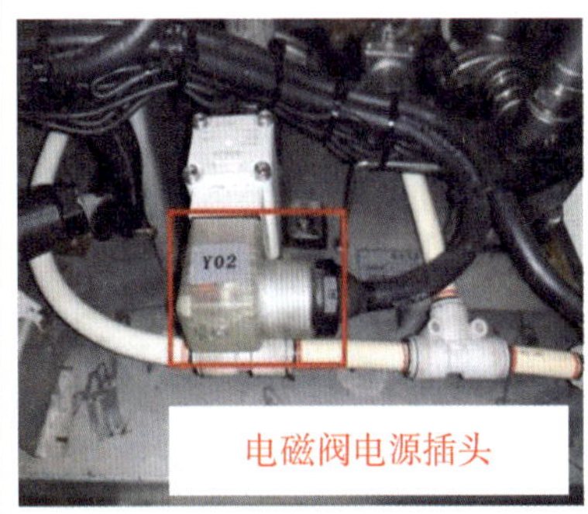
</td></tr>
<tr><td>水泵叶轮清理</td><td>1. 断开故障对应车厢污物配电柜内【水泵电源】空开；
2. 使用 10 mm 棘轮扳手拆下水泵叶轮外盖固定螺栓，对水泵叶轮进行清理；
3. 清理完毕后恢复各部件，恢复【水泵电源】空开，确认故障消除</td><td>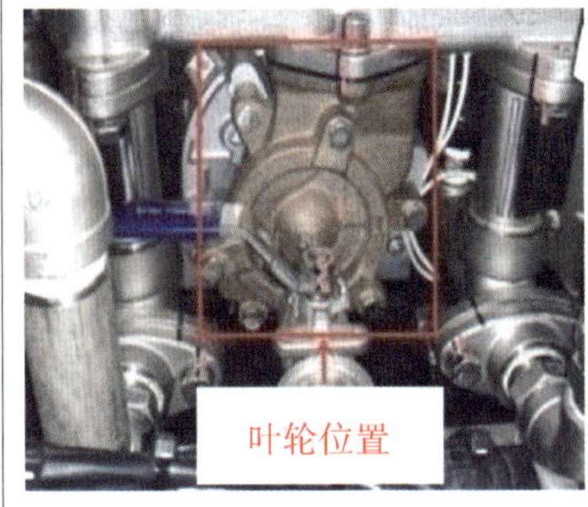</td></tr>
<tr><td>水封清理</td><td>1. 断开故障车厢污物配电柜【集便器控制】空开；
2. 使用丁字扳手卸下两侧裙板和底板(01 车、05 车、00 车不需拆裙板，水封装置在车体中部)，用 17 mm 内六角扳手拆下车下水封排水堵，用 13 mm 棘轮扳手卸下法兰盘固定螺栓，打开水封装置底部的法兰盘，排水并清理水封内部脏物；
3. 作业完毕后恢复各部件，闭合【集便器控制】空开，确认故障消除</td><td>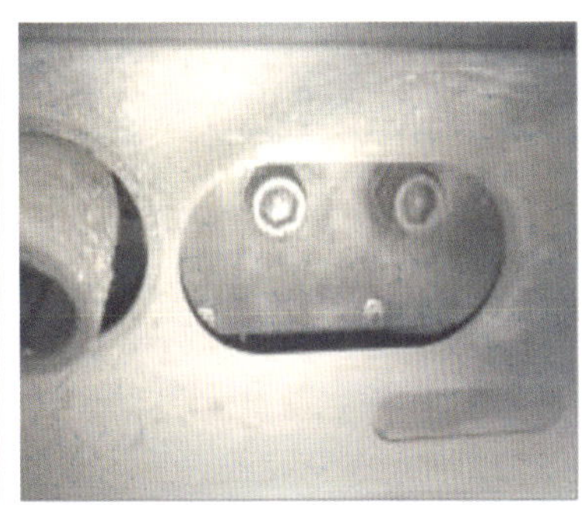</td></tr>
</table>

续上表

处理过程	进水(排水)电磁阀继电器紧固或更换	1. 断开故障对应车厢污物配电柜内【水泵电源】空开； 2. 使用丁字扳手、17 mm 棘轮扳手拆下故障车厢水箱裙板，用 10 mm 棘轮扳手拆卸车下水泵检修盖板，检查 KA2 和 KA3 继电器接线是否存在松动现象，若松动，用十字螺丝刀将其紧固，若紧固后故障未消除则更换对应继电器； 3. 处理完毕，恢复【水泵电源】空开，确认故障消除后恢复各部件	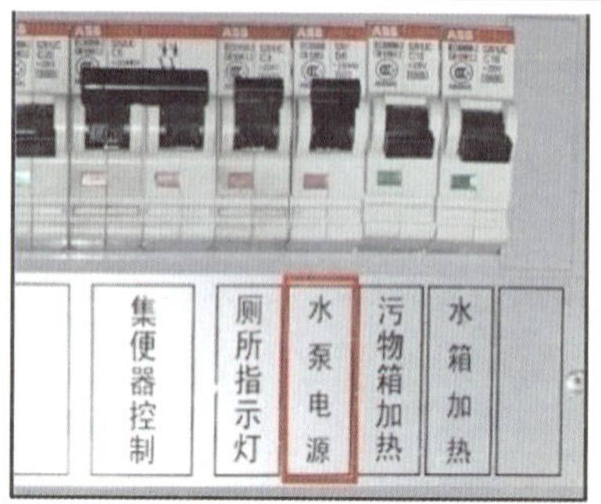 
	压力开关更换	1. 断开故障对应车厢污物配电柜内【水泵电源】空开； 2. 使用斜口钳将压力开关接线剪断，用活动扳手拆下故障压力开关进行更换； 3. 更换新品后，恢复压力开关接线，并使用绝缘胶带做好绝缘处理； 4. 恢复【水泵电源】空开，确认故障消除	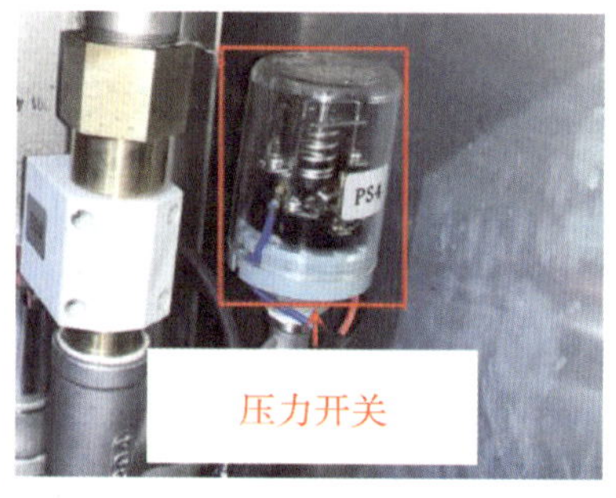
	PLC更换	1. 断开故障对应车厢污物配电柜内【集便器控制】空开； 2. 使用丁字扳手、17 mm 棘轮扳手拆下故障对应车厢水箱裙板； 3. 使用 10 mm 棘轮扳手拆下车下水泵检修盖板，用十字螺丝刀拆下 PLC 模块固定螺丝，取出故障 PLC 模块，更换新品； 4. 更换完毕，闭合污物配电柜内【集便器控制】空开，确认故障消除后恢复水泵检修盖板和裙板	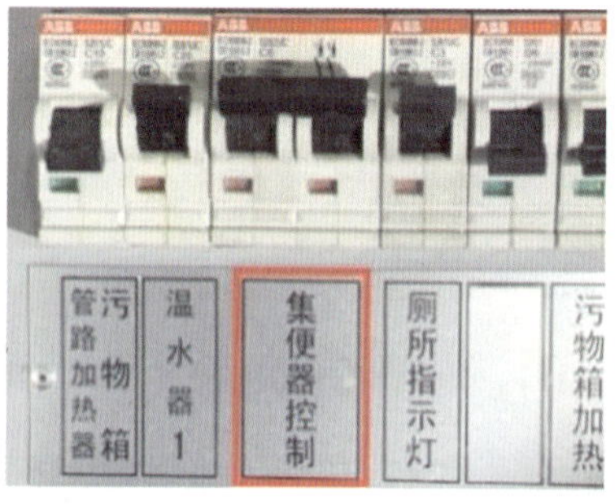 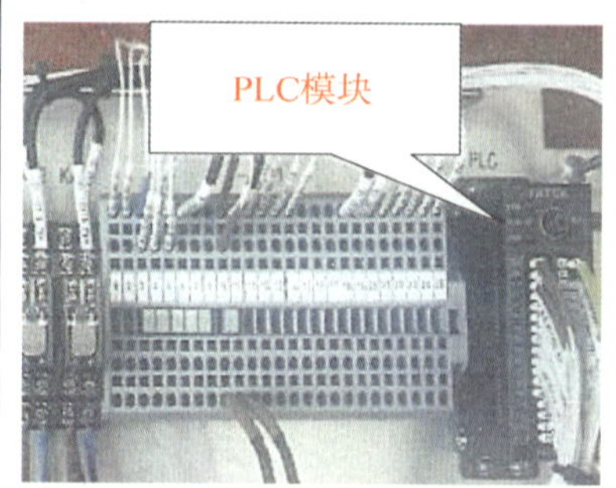

处理过程	液位电极开关更换	1. 断开故障对应车厢污物配电柜内【水泵电源】空开； 2. 使用十字螺丝刀拆下液位电极开关电源插头，用活动扳手拧下液位电极开关固定螺母，取下故障液位电极开关，更换新品； 3. 更换完毕，恢复【水泵电源】空开，确认故障消除	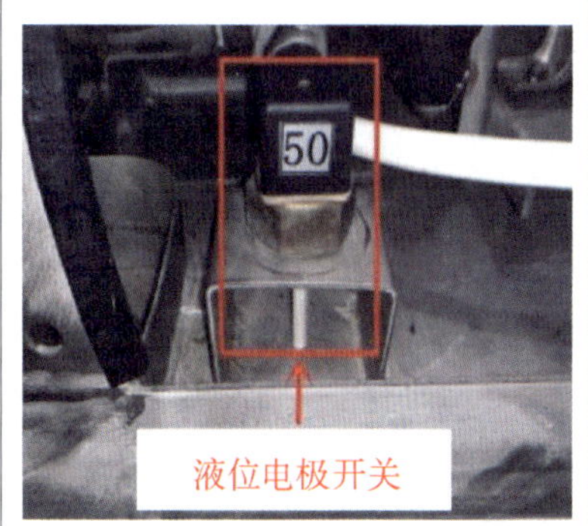
故障确认	处理完毕，确认故障代码消除，备用水设备状态良好		

故障名称	2.4　DTC 显示故障代码 03(泄漏检测)
适用车型	CRH2A 统型动车组、CRH380A 统型动车组、CRH380A 非统型动车组
工具及材料	工具:老虎钳、活动扳手、十字螺丝刀、斜口钳、水泵钳、一字螺丝刀、10 mm 棘轮扳手、8 mm 叉口扳手、管子钳、3 mm 内六角扳手、4 mm 内六角扳手。 材料:冷水磁控管、上水电磁阀、温水箱探针、排水电磁阀、细砂纸、生料带、润滑油、绝缘胶带、气控阀、泄漏检测开关
故障现象	1. DTC 显示故障代码 03(泄漏检测),复位后再次报出故障; 2. 故障车厢各用水设备均无法使用; 3. 故障车厢用水设备管路存在漏水现象; 4. 故障车厢车下水封处持续排水
原因及判断	1. 当故障车厢污物配电柜内 DTC 显示故障代码 03、08、09 时,先按压【DTC 复位】按钮进行复位操作,若复位无效,检查车上各用水设备管路是否漏水,存在漏水现象进行紧固处理。 2. 若车上各用水设备管路无漏水现象,再次按压【DTC 复位】按钮进行复位操作,确认车下水封是否持续排水,若是,可依据水封排水位置(电茶炉侧或卫生间侧)来判断是哪一侧的用水设备存在故障。 卫生间侧水封排水: (1)确认卫生间洗手池下方管路泄气阀是否存在漏水(泄气阀两个卫生间内都有)。 (2)若上述情况正常,检查水增压器下方气控阀是否存在卡滞现象(气控阀卡滞时便器会一直处于冲水状态;报出管路泄漏故障)。 (3)若气控阀正常,检查卫生间排水电磁阀是否存在卡滞情况,(检查方法:反复插拔电磁阀电源插头,在插拔过程中若听不到电磁阀动作声响,则需进行清理,若故障仍未消除需更换电磁阀)。 (4)若无上述故障现象,检查水增压器是否存在漏水及集便器供水电磁阀是否存在卡滞情况。 电茶炉侧水封排水: (1)检查电茶炉存水盘内是否存留积水,若是,检查电茶炉进水、排水管路接口是否存在漏水现象。 (2)当电茶炉存水盘上方排水口有水流出时,检查上水电磁阀是否存在卡滞情况。 检查方法:断开电茶炉电源空开,将冷水磁控管对应阀门旋至平行位,待冷水磁控管内水位降至一半时恢复阀门,此时观察磁控管内水位,若水位上升,则为上水电磁阀卡滞或阀芯关闭不严,需清理或更换上水电磁阀。 (3)若上水电磁阀正常,检查冷水磁控管是否损坏: 检查方法:当浮标与冷水磁控管内水位不对应或磁控管外观损坏时,可确认为冷水磁控管故障;当冷水磁控管水位为满水状态且上水电磁阀一直处于得电状态(指示灯常亮)时,可确认为冷水磁控管故障。 (4)若无上述故障情况,检查电茶炉排水电磁阀是否存在故障: 检查方法:拆开排水电磁阀连接的金属管,复位 DTC 看是否有水流出,若有水流出可判断为排水电磁阀故障

续上表

<table>
<tr><td>原因及判断</td><td colspan="3">3. 排除电茶炉及卫生间泄漏故障后，检查温水箱是否存在故障。判断方法：
(1)查看温水箱排水阀开闭状态，正常应为垂直位；
(2)检查温水箱限压阀是否松动，若松动，温水箱上水管路的压力大于限压阀的压力，会导致管路内的水通过限压阀进入排水管，需将限压阀向顺时针方向调节；
(3)若调整限压阀后故障仍未消除，检查温水箱缺水指示灯是否点亮，若点亮，清理温水箱探针。
4. 若上述情况正常，检查液位电极开关是否浸水(车上水箱)液位电极开关位于车上水箱接水盘内，当接水盘内水位没过液位电极时，报出泄漏故障。原因如下：
(1)排水管路和水封装置脏堵导致车上污水无法正常排出，由于车上水箱的位置相对于洗手池较低，所以洗手池污水会从车上水箱排水孔溢出，从而导致管路泄漏；
(2)接水盘上方管路漏水；
(3)液位电极本身故障(可以通过液位电极接线来判断)。
5. 泄漏检测开关本身卡滞、故障(在断开水泵电源的情况下仍会报出管路泄漏故障)</td></tr>
<tr><td rowspan="3">处理过程</td><td>管路接头紧固</td><td>1. 关闭用水设备上水阀门；
2. 使用活动扳手紧固管路接头；
3. 紧固完毕，恢复阀门确认故障消除</td><td></td></tr>
<tr><td>水龙头更换</td><td>1. 关闭水龙头上水阀门；
2. 使用活动扳手拆下水龙头管路接头螺栓；
3. 使用一字螺丝刀拆下水龙头固定销螺丝，取出固定销后对水龙头进行更换；
4. 更换完毕，恢复阀门确认故障消除</td><td></td></tr>
<tr><td>电茶炉管路紧固</td><td>1. 关闭电茶炉上水阀门；
2. 使用活动扳手紧固金属软管接头；
3. 紧固完毕，恢复阀门确认故障消除</td><td>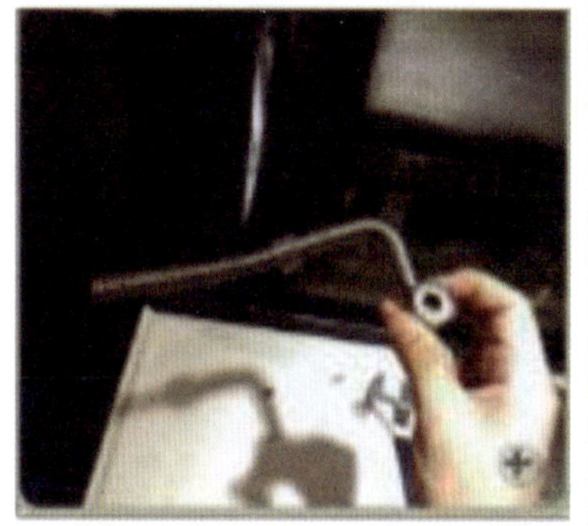</td></tr>
</table>

续上表

处理过程	气控阀更换	1. 断开便器检查柜内主气源压力开关，将水增压器下方蓝色气管拔下，使用 4 mm 内六角扳手拆下气控阀固定螺栓，取下故障气控阀，更换新品； 2. 更换完毕，恢复主气源压力开关，确认故障消除	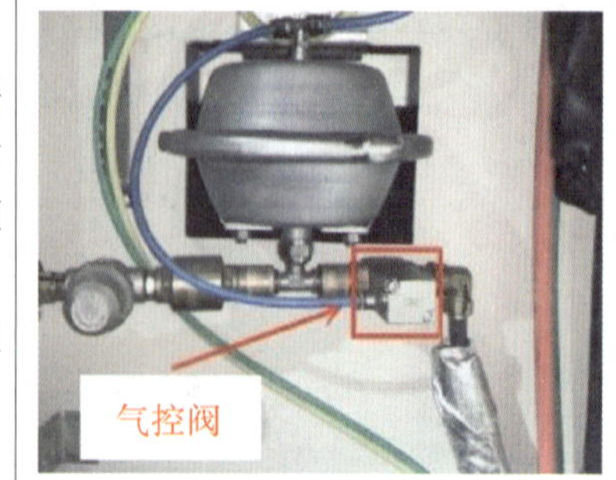
	卫生间排水电磁阀清理	1. 断开故障对应车厢污物配电柜中【集便器控制】空开后，打开卫生间侧墙下方检查柜门，使用十字螺丝刀将排水电磁阀电源插头拆下； 2. 使用一字螺丝刀松开电磁阀阀头固定卡扣，取下阀头，用水泵钳拧松电磁阀阀芯，用 3 mm 内六角扳手拆下排水电磁阀底座的四颗固定螺栓，取出排水电磁阀； 3. 取出排水电磁阀后，将阀芯取出，使用细砂纸对电磁阀内锈蚀部位进行清理，清理完毕后涂上润滑油再进行组装，确保各部件安装到位； 4. 恢复【集便器控制】空开，确认故障消除	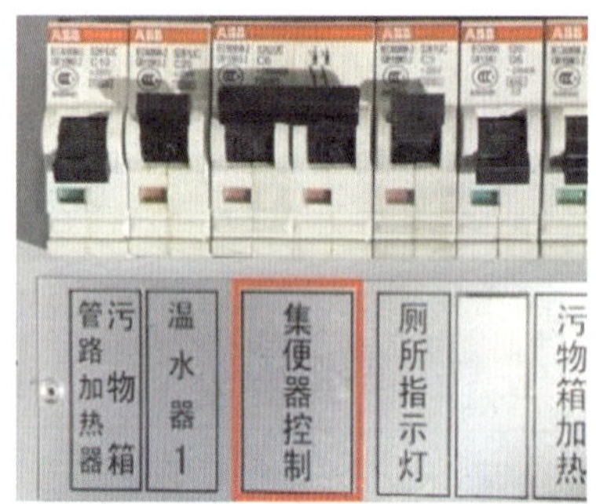 
	冷水磁控管更换	1. 断开【电茶炉电源】空开，将产水箱排水阀旋转至平行位，排空冷水磁控管水后恢复排水阀； 2. 使用斜口钳剪开磁控管接插件线束的橡胶护套后，拔下冷水磁控管接插件； 3. 使用水泵钳卸下冷水磁控管的上、下固定螺母，取下冷水磁控管进行更换； 4. 更换完毕，恢复【电茶炉电源】空开，确认故障消除后，使用绝缘胶带重新对接插件线束进行绝缘处理	 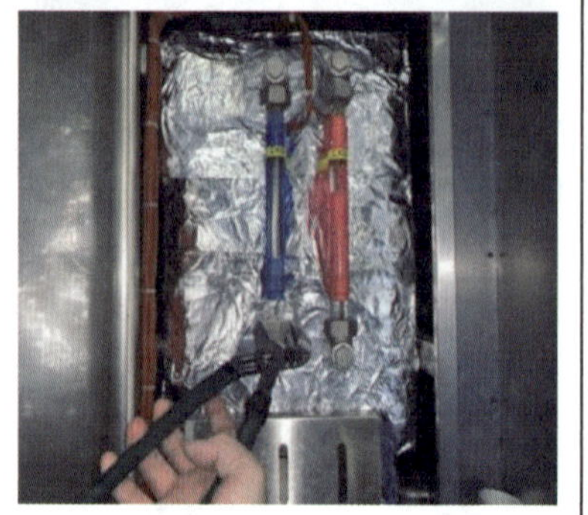

<table>
<tr><td rowspan="3">处理过程</td><td>电茶炉上水电磁阀清理</td><td>1. 断开【电茶炉电源】空开，将供水阀旋至垂直位，产水箱排水阀门旋至平行位；
2. 使用十字螺丝刀松开上水电磁阀电源接头螺丝，拔掉电源插头，用 8 mm 棘轮扳手拆下电磁阀安装座螺栓，再用活动扳手拆下电磁阀两端活节，取出上水电磁阀；
3. 取出上水电磁阀后，使用 10 mm 棘轮扳手拆下阀体顶端固定螺栓，用十字螺丝刀拆下阀头固定螺丝，取下阀头，查看电磁阀堵头密封垫是否损坏，若损坏则更换，并清理电磁阀可视范围内的水垢及异物；
4. 清理完毕后恢复电磁阀及各组件；
5. 恢复【电茶炉电源】空开及水阀，确认故障消除</td><td>

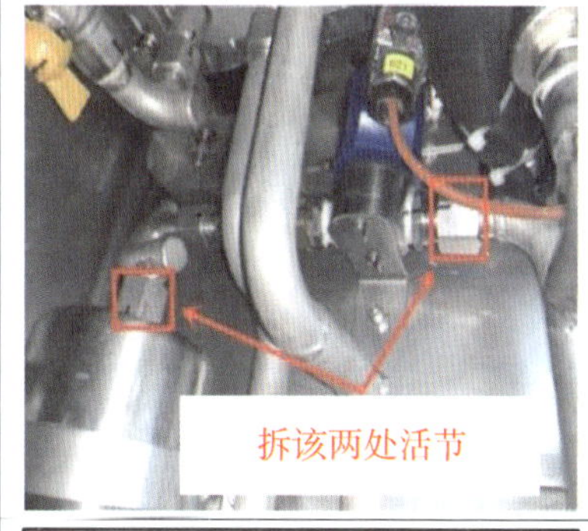
</td></tr>
<tr><td>电茶炉排水电磁阀清理</td><td>1. 断开故障对应车厢污物配电柜【开水炉加热电源】、【开水炉控制电源】空开后，打开电茶炉检查柜门，使用十字螺丝刀将排水电磁阀电源插头拆下；
2. 使用一字螺丝刀松开电磁阀阀头固定卡扣，取下阀头，用水泵钳拧松电磁阀阀芯，用 3 mm 内六角扳手拆下排水电磁阀底座的四颗固定螺栓，取下排水电磁阀；
3. 取出排水电磁阀后，将阀芯取出，用细砂纸对电磁阀内锈蚀部位进行清理，清理完毕后涂上润滑油再进行组装，确保各部件安装到位；
4. 恢复【开水炉加热电源】、【开水炉控制电源】空开，确认故障消除</td><td>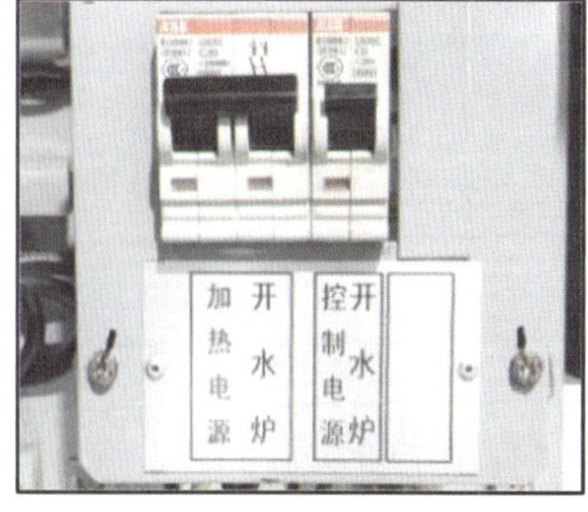

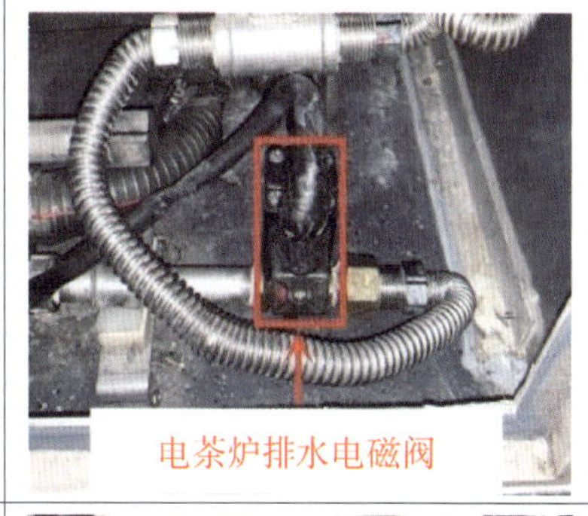
</td></tr>
<tr><td>温水箱限压阀调节</td><td>1. 打开盥洗台下方柜门，使用一字螺丝刀打开温水箱限压阀面板，用老虎钳取出限压阀固定卡销；
2. 使用一字螺丝刀对准限压阀上的卡槽，顺时针旋转调节；
3. 调节完毕，确认故障消除</td><td>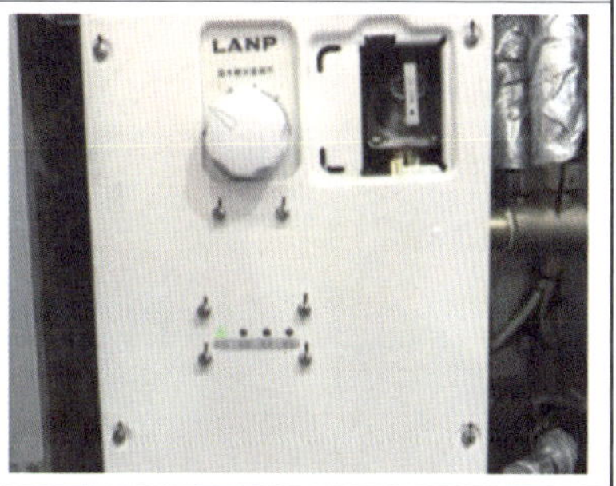
</td></tr>
</table>

<table>
<tr><td rowspan="4">处理过程</td><td>温水箱限压阀调节</td><td>1. 打开盥洗台下方柜门，使用一字螺丝刀打开温水箱限压阀面板，用老虎钳取出限压阀固定卡销；
2. 使用一字螺丝刀对准限压阀上的卡槽，顺时针旋转调节；
3. 调节完毕，确认故障消除</td><td></td></tr>
<tr><td>排水阀确认</td><td>1. 打开洗手池下方温水箱检查柜门，确认温水箱排水阀处于垂直位；
2. 恢复水阀后，确认故障消除</td><td>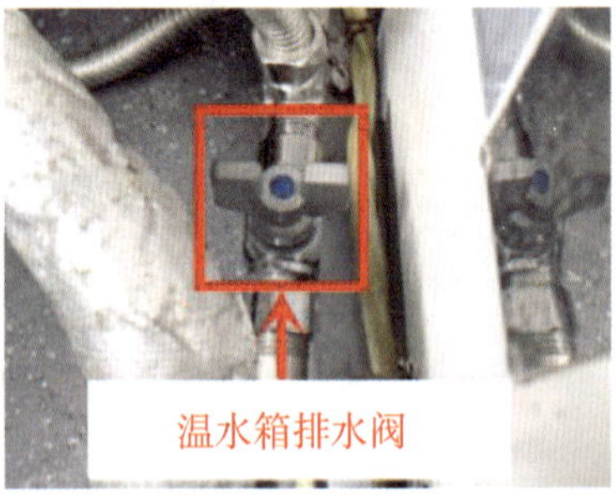
</td></tr>
<tr><td>温水箱探针清理</td><td>1. 打开洗手池下方温水箱检查柜门，使用十字螺丝刀拆下温水箱面板固定螺丝，取出面板；
2. 使用 8 mm 叉口扳手拆下探针固定螺栓后取出探针，用细砂纸对探针锈蚀部位进行清理(或更换)；
3. 清理(更换)完毕，通过 MON 屏或 DTC 确认故障消除。
注：因 05 车车内未设置 DTC 主机，故 05 车故障修复情况只能通过 MON 屏进行确认</td><td>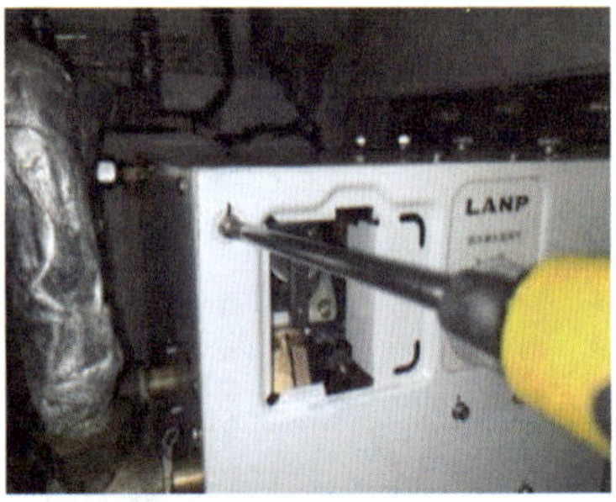

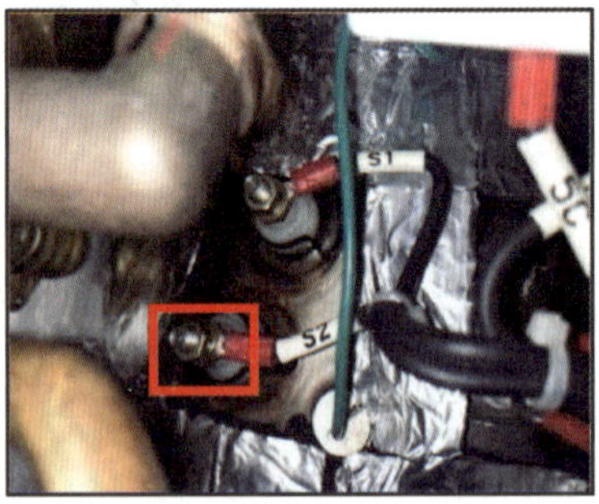</td></tr>
<tr><td>泄漏检测开关更换</td><td>1. 断开污物配电柜内的【水泵电源】空开，打开水泵室柜门，用管子钳拆下管路游轮，取出管路后，拆下泄漏检测开关；
2. 安装新品泄漏检测开关；
3. 恢复【水泵电源】空开，确认故障消除</td><td>
</td></tr>
</table>

续上表

处理过程	泄气阀清理	1. 逆时针方向将盥洗台下方泄气阀取下，使用老虎钳拧下泄气阀端盖； 2. 将泄气阀内部冲洗干净； 3. 在泄气阀端盖螺纹处缠绕生料带； 4. 重新安装泄气阀，确认故障消除	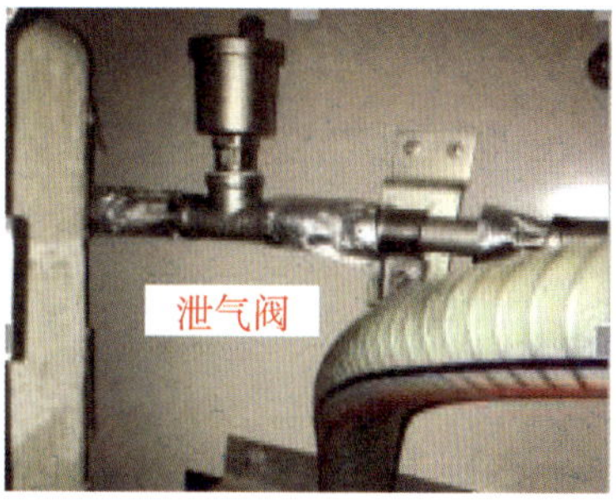
故障确认	处理完毕，确认故障代码消除，各用水设备状态良好		

<table>
<tr><td>故障名称</td><td colspan="3">2.5　DTC 显示故障代码 07(气源压力不足)</td></tr>
<tr><td>适用车型</td><td colspan="3">CRH2A 统型动车组、CRH380A 统型动车组、CRH380A 非统型动车组</td></tr>
<tr><td>工具及材料</td><td colspan="3">工具:22 mm 叉口扳手。
材料:绝缘胶布、扎带、压力开关</td></tr>
<tr><td>故障现象</td><td colspan="3">1. DTC 显示故障代码 07,复位无效;
2. 按压冲水按钮,便器无法正常排污</td></tr>
<tr><td>原因及判断</td><td colspan="3">1. 确认 MON 屏总风压力是否过低,总风缸压力过低会导致便器无法使用;
2. 检查主气源压力开关是否处于平行位;
3. 检查气源压力值是否正常,气源压力值应为 0.6 MPa,若不正常则调节气源压力;
4. 若无上述故障现象,拔掉压力开关上方插针(拔其中一根),观察 DTC 是否继续报故障,若报故障,则确定压力开关坏,需更换</td></tr>
<tr><td rowspan="2">处理过程</td><td>气源压力调节</td><td>1. 打开卫生间侧墙上方检查柜门,将调节气源压力的黑色旋钮提起后进行调节(顺时针调高,逆时针调低),正常数值应为 0.6 MPa;
2. 调节完毕,确认故障消除</td><td> </td></tr>
<tr><td>压力开关更换</td><td>1. 打开卫生间侧墙上方检查柜门,关闭主气源压力开关;
2. 使用 22 mm 叉口扳手松开压力开关紧固螺母,拔下压力开关上方两根插针;
3. 更换压力开关;
4. 更换完毕后恢复主气源压力开关,确认故障消除</td><td>  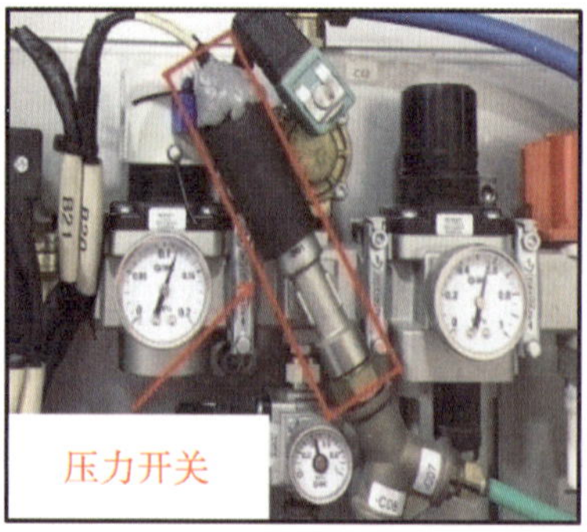</td></tr>
<tr><td>故障确认</td><td colspan="3">处理完毕,确认便器工作正常</td></tr>
</table>

<table>
<tr><td>故障名称</td><td colspan="3">2.6 水箱无水或便器按钮故障</td></tr>
<tr><td>适用车型</td><td colspan="3">CRH2A 统型动车组、CRH380A 统型动车组、CRH380A 非统型动车组</td></tr>
<tr><td>工具及材料</td><td colspan="3">工具：十字螺丝刀、一字螺丝刀。
材料：冲水按钮</td></tr>
<tr><td>故障现象</td><td colspan="3">便池内无堵塞现象时，按压冲水按钮无反应</td></tr>
<tr><td>原因及判断</td><td colspan="3">1. 打开污物配电柜，当 DTC 显示故障代码 08(便器 1 不可用)、09(便器 2 不可用)、02(水箱无水)时，检查水箱是否缺水(CRH380A 非统型动车组配电柜内无液位显示器，可通过车下两侧液位显示器进行水位判断)，若水箱缺水，则加水确认；
2. 当 DTC 不显示故障代码且单个便器无法使用时，按压相应故障卫生间便器冲水按钮，若故障卫生间相应设备无任何反应(碟阀气缸不动作，真空发生器无法抽真空)，则判断为该卫生间冲水按钮损坏</td></tr>
<tr><td rowspan="2">处理过程</td><td>水箱液位确认</td><td>1. 打开故障对应车厢污物配电柜门，检查水箱电源指示灯状态，确认水箱是否缺水；
2. 若水箱无水，加水确认</td><td> 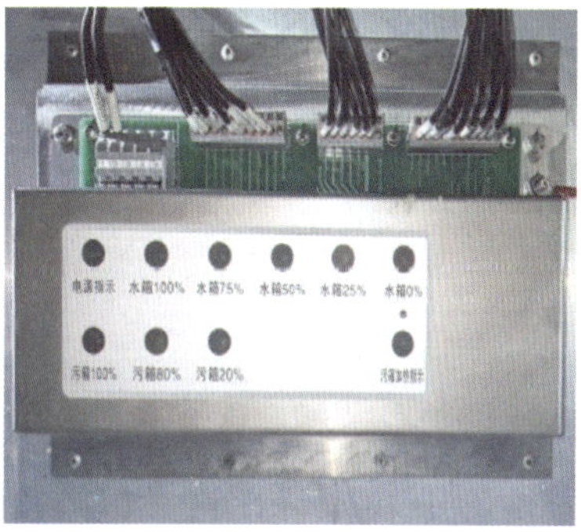</td></tr>
<tr><td>冲水按钮更换</td><td>1. 断开故障对应车厢污物配电柜内的【集便器控制】空开，使用十字螺丝刀拆卸按钮面板固定螺丝；
2. 使用一字螺丝刀拆下冲水按钮接插件插针，取出故障冲水按钮，更换新品；
3. 更换完毕，恢复【集便器控制】空开，确认故障消除</td><td>  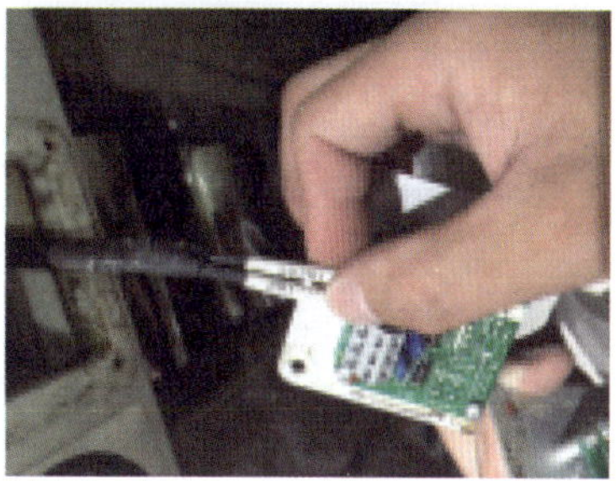</td></tr>
<tr><td>故障确认</td><td colspan="3">处理完毕，确认便器工作状态良好</td></tr>
</table>

<table>
<tr><td>故障名称</td><td colspan="3">2.7 水箱液位显示与实际不符</td></tr>
<tr><td>适用车型</td><td colspan="3">CRH2A 统型动车组、CRH380A 统型动车组、CRH380A 非统型动车组</td></tr>
<tr><td>工具及材料</td><td colspan="3">工具：丁字扳手、17 mm 棘轮扳手、浮球拆卸工装、10 mm 棘轮扳手、斜口钳、一字螺丝刀、十字螺丝刀。
材料：水箱液位浮球、扎带、生料带、防护服、PLC 模块、车内液位显示器、车下液位显示器、绝缘胶带</td></tr>
<tr><td>故障现象</td><td colspan="3">1. MON 屏水箱液位显示与实际水位不符（MON 屏列车员信息页面具有 25%、50%、75%、100%四种水位显示）；
2. DTC 显示故障代码 01 或 02（“01”表示水箱水位低于 25%，“02”表示水箱无水）</td></tr>
<tr><td>原因及判断</td><td colspan="3">1. 通过 MON 屏【故障信息】页面确认故障对应车厢号，打开故障对应车厢污物配电柜，检查水箱液位显示状态是否与 MON 屏显示水位一致（CRH380A 非统型动车组配电柜内无液位显示器，可通过车下两侧液位显示器进行水位判断），若不一致，则检查液位显示插针是否松动。
2. 若液位显示插针无松动，则将故障车厢存水排空或重新注水，观察故障车厢液位显示与 MON 屏水位显示是否一致，若不一致，则判断为故障车厢的液位浮球开关故障，需更换故障水箱浮球。
注：01 车水箱浮球位置与其他车厢不同，01 车、00 车“100%”水箱浮球位于水箱裙板内的水泵室右侧，拆装相应底板即可见。CRH380A 统型动车组（02 车、04 车、06 车）、CRH380A 非统型动车组（02 车、04 车、06 车）、CRH2A 动车组（04 车、06 车）水箱浮球位于车上水箱检查门内，其他车厢水箱浮球位于该车厢水箱裙板内。
3. 若更换水箱浮球后故障仍未消除，观察车上、车下 3 个液位显示器显示是否一致，若显示不一致可判断为液位显示器故障。
4. 当 DTC 显示故障代码 01（水位不足 25%）时，检查车内水箱液位显示 25%对应插针是否松动，若正常，则可能为 25%的水箱浮球开关损坏，更换 25%浮球开关，若更换后故障仍未消除，则判断为 PLC 模块损坏，更换 PLC 模块</td></tr>
<tr><td>处理过程</td><td>液位显示插针紧固</td><td>1. 打开故障对应车厢污物配电柜，断开【集便器控制】空开；
2. 使用一字螺丝刀重新插接故障液位插针，并确认插接紧固；
3. 恢复【集便器控制】空开，确认故障消除</td><td>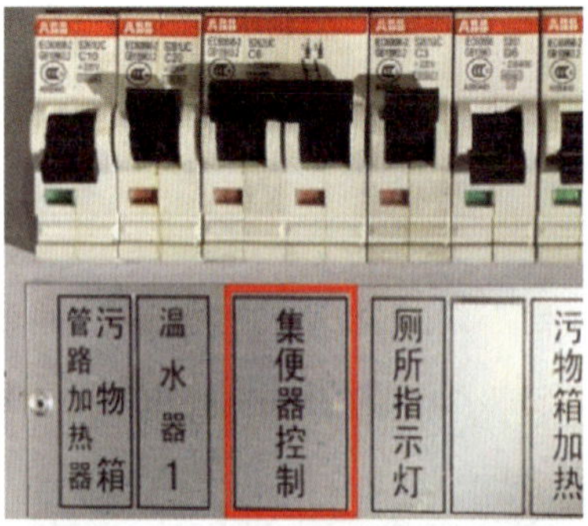

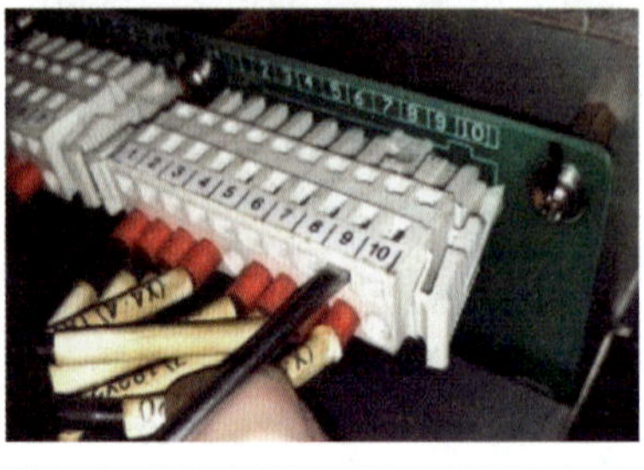</td></tr>
</table>

处理过程	水箱浮球更换	1. 打开注水口盖板，逆时针转动水箱排水阀，排空故障车厢水箱存水后恢复阀门； 2. 使用丁字扳手和 17 mm 棘轮扳手拆下故障车厢水箱底板，使用 10 mm 棘轮扳手拆下浮球检修外罩，用斜口钳剪断故障浮球摆杆开关固定扎带； 3. 轻旋浮球接线盖，取出浮球端接线插头，使用浮球拆卸工装拆下浮球固定螺套； 4. 将生料带缠绕在新浮球螺套螺纹处，然后手动对浮球开关进行预紧，用浮球拆卸工装紧固固定螺套； 5. 恢复浮球接线，接线中确保接线位置正确，固定良好后再缠上绝缘胶带； 6. 更换完毕后注水，确认浮球液位显示正常后，将各部件恢复到位	 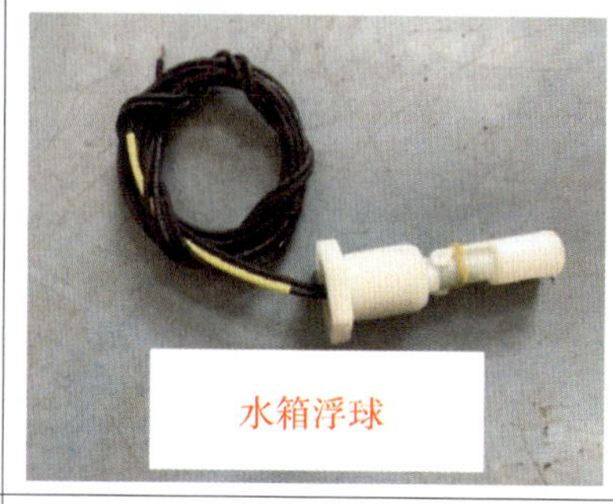
	PLC模块更换	1. 打开故障对应车厢污物配电柜，断开【集便器控制】空开； 2. 使用丁字扳手、17 mm 棘轮扳手拆下故障车厢水箱裙板(车上水箱无须拆卸裙板)； 3. 使用 10 mm 棘轮扳手拆下车下(车内)水泵检修盖板，用十字螺丝刀拆下 PLC 模块固定螺丝，取出 PLC 模块并对其进行更换； 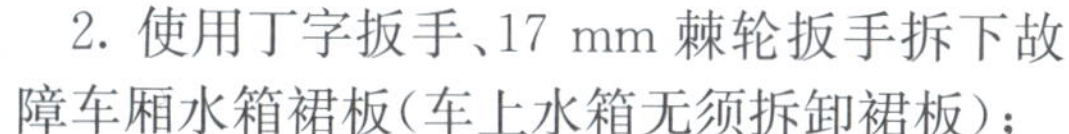 4. 更换完毕，恢复【集便器控制】空开，确认故障消除后恢复水泵检修盖板及裙板	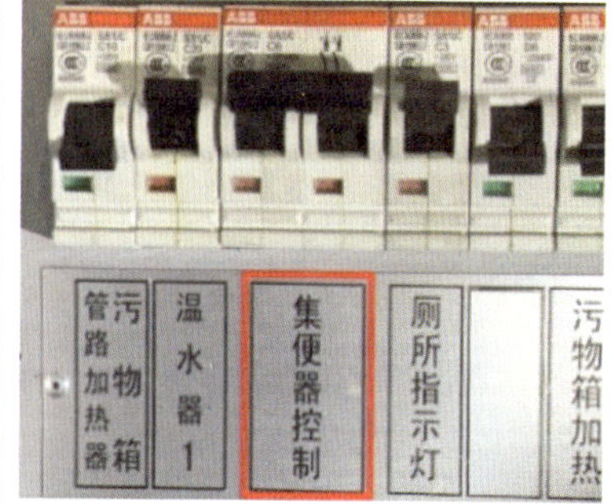 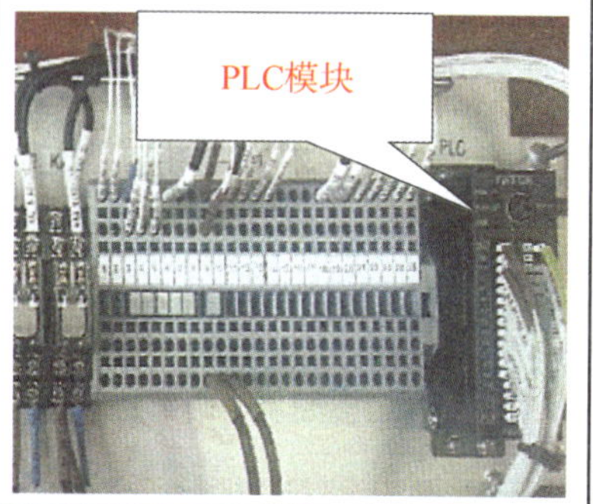
	车内液位显示器更换	1. 打开故障对应车厢污物配电柜，断开【集便器控制】空开； 2. 使用一字螺丝刀拆下所有液位插针，使用 10 mm 棘轮扳手拆卸液位显示器固定螺栓，取下故障液位显示器，更换新品； 3. 更换完毕，恢复【集便器控制】空开，确认故障消除	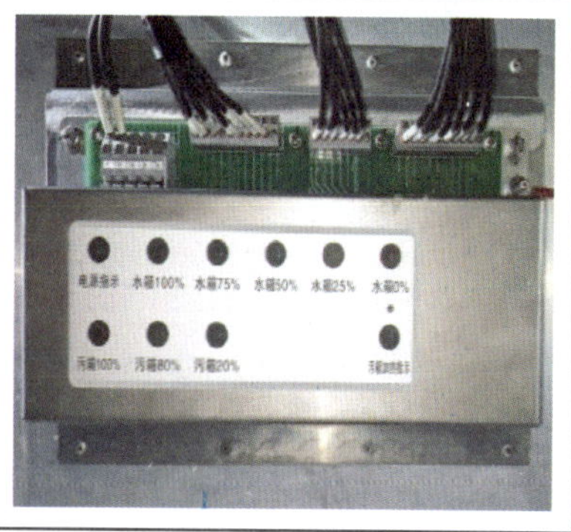

续上表

处理过程	车下液位显示器更换	1. 打开故障对应车厢污物配电柜，断开【集便器控制】空开； 2. 使用丁字扳手拆卸液位显示器外罩的两颗固定螺栓； 3. 打开注水口盖板，拆下液位显示航插，使用 10 mm 棘轮扳手拆卸液位显示器固定螺栓； 4. 取下故障液位显示器，更换新品； 5. 更换完毕，恢复【集便器控制】空开，确认故障消除后恢复液位显示器外罩	
故障确认	处理完毕，确认水箱液位显示正常		

<table>
<tr><td>故障名称</td><td colspan="2">2.8　污物箱液位显示与实际不符</td></tr>
<tr><td>适用车型</td><td colspan="2">CRH2A 统型动车组、CRH380A 统型动车组、CRH380A 非统型动车组</td></tr>
<tr><td>工具及材料</td><td colspan="2">工具：丁字扳手、17 mm 棘轮扳手、22 mm 叉口扳手、污物箱浮球拆卸工装、一字螺丝刀、10 mm 棘轮扳手。
材料：污物箱液位浮球、生料带、车内液位显示器、车下液位显示器、扎带、防护服</td></tr>
<tr><td>故障现象</td><td colspan="2">1. DTC 显示故障代码“05”（污物箱液位 80%）或“06”（污物箱液位 100%）；
2. 吸污作业结束后液位显示灯仍不熄灭</td></tr>
<tr><td>原因及判断</td><td colspan="2">1. 当液位显示异常时，确认液位显示器插针状态良好，可尝试对故障水位对应插针进行插拔，线号如下：100%-X2：3（182W02）；80%-X2：2（182W01）；20%-X2：1（182W04）。
2. 吸污后确认故障是否仍然存在，若仍报出液位 20%及以上故障时，可向污物箱加注清水，再进行吸污确认，若故障未消除，则判断为相应液位浮球开关损坏，需更换浮球开关。
3. 若更换浮球后故障仍未消除，则观察车上、车下 3 个液位显示器显示是否一致，若显示不一致可判断为液位显示器故障，需更换（CRH380A 非统型动车组配电柜内无液位显示器，可通过车下两侧液位显示器进行水位判断）</td></tr>
<tr><td rowspan="2">处理过程</td><td>液位显示插针紧固</td><td>1. 打开污物配电柜，断开【集便器控制】空开；
2. 使用一字螺丝刀重新插接故障液位插针，并确认插接紧固；
3. 恢复【集便器控制】空开，确认故障消除</td></tr>
<tr><td>污物箱浮球开关更换</td><td>1. 对故障污物箱进行吸污作业；
2. 断开污物配电柜内【集便器控制】空开，使用丁字扳手拆下故障对应车厢的污物箱端板，用 10 mm 棘轮扳手拆下中转箱检查盖板，使用污物箱浮球拆卸工装拆卸浮球开关；
3. 在新的浮球开关接头螺纹处缠绕生料带，使用 22 mm 叉口扳手进行紧固，接上插头后向污物箱内注入清水，恢复【集便器控制】空开，确认故障消除；
4. 使用扎带固定浮球接线，恢复检查盖板及污物箱端板</td></tr>
</table>

<table>
<tr><td rowspan="2">处理过程</td><td>车内液位显示器更换</td><td>1. 打开故障对应车厢污物配电柜，断开【集便器控制】空开；
2. 使用一字螺丝刀拆下所有液位插针，使用 10 mm 棘轮扳手拆卸液位显示器固定螺栓，取下故障液位显示器，更换新品；
3. 更换完毕，恢复【集便器控制】空开，确认故障消除</td><td>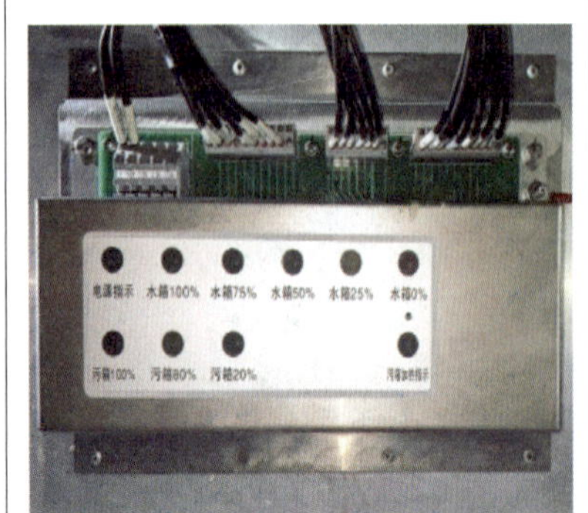</td></tr>
<tr><td>车下液位显示器更换</td><td>1. 打开故障对应车厢污物配电柜，断开【集便器控制】空开；
2. 使用丁字扳手拆卸液位显示器外罩的两颗固定螺栓；
3. 打开注水口盖板，拆下液位显示航插，使用 10 mm 棘轮扳手拆卸液位显示器固定螺栓；
4. 取下故障液位显示器，更换新品；
5. 更换完毕，恢复【集便器控制】空开，确认故障消除后恢复液位显示器外罩</td><td>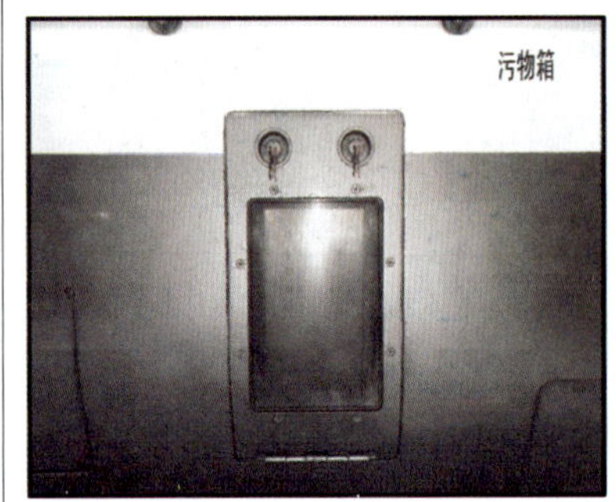</td></tr>
<tr><td>故障确认</td><td colspan="3">处理完毕，确认污物箱液位显示正常</td></tr>
</table>

<table>
<tr><td>故障名称</td><td colspan="3">2.9 中转箱真空压力不足</td></tr>
<tr><td>适用车型</td><td colspan="3">CRH2A 统型动车组、CRH380A 统型动车组、CRH380A 非统型动车组</td></tr>
<tr><td>工具及材料</td><td colspan="3">工具：丁字扳手、13 mm 棘轮扳手、链条扳手、10 mm 棘轮扳手、22 mm 叉口扳手、管子钳、活动扳手、斜口钳、38 件套、一字螺丝刀、尖嘴钳、24 mm 叉口扳手、5 mm 内六角扳手、老虎钳、十字螺丝刀。
材料：HOSE 阀、真空发生器、生料带、扎带、防护服、手套、单向阀</td></tr>
<tr><td>故障现象</td><td colspan="3">按压便器冲洗按钮，便器无法正常排污，DTC 显示故障代码 08、09、15（CRH380A 非统型动车组 DTC 显示故障代码 08、14 或 09、15）</td></tr>
<tr><td>原因及判断</td><td colspan="3">1. 打开故障对应车厢污物配电柜，确认 DTC 故障显示代码 08、09、15（CRH380A 非统型动车组 DTC 显示故障代码 08、14 或 09、15），并进行复位。
2. 若复位无效，打开便器检查柜门，对排污 HOSE 阀故障进行检查。
排污 HOSE 阀故障判断方法：
按住 QO4 电磁阀橘红色按钮（保持 5 s），此时若 Q04 电磁阀有漏气声，可确定排污 HOSE 阀故障，需进行更换。
3. 若排污 HOSE 阀正常，按压便器冲洗按钮，若此时消音器不排气，需进行清理（排气不畅易造成下水慢或污物涌出）。
4. 若消音器正常，检查 Q04 电磁阀与底座连接是否紧固。接头松动或阀体漏气会导致真空压力不足。
5. 碟阀摆杆组件脱落，可造成碟阀关闭不严，此时 DTC 不会报出碟阀故障代码，但仍会造成真空压力不足。
6. 检查中转箱底部排污 HOSE 阀是否堵塞，排污 HOSE 阀堵塞会导致真空压力不足。
7. 检查 DN20（小 HOSE 阀）旁的单向阀是否存在故障，单向阀故障会造成吸力不足；检查单向阀内滤网是否堵塞，若清理后故障仍未消除，可确认为真空发生器故障</td></tr>
<tr><td>处理过程</td><td>排污HOSE阀更换</td><td>1. 打开故障对应车厢污物配电柜，断开【集便器控制】空开，打开卫生间侧墙上方检查柜门，关闭主气源压力开关，使用丁字扳手拆下对应车厢的污物箱端板（注：01 车、08 车排污 HOSE 阀位于污物箱裙板内，其他车厢位于污物箱端板内，CRH380A 非统型动车组蹲厕和坐厕车下各使用一套真空集便装置，坐厕故障拆污物箱端板，蹲厕故障拆污物箱裙板），用 10 mm 棘轮扳手拆开中转箱检修盖板。
2. 拔下 HOSE 阀气管，使用 10 mm 叉口扳手逆时针拆下气动开关，再用 13 mm 叉口扳手、38 件套拆下 HOSE 阀上方法兰盘 4 颗安装螺栓，用斜口钳剪掉排污 HOSE 阀电伴热线固定扎带，将电伴热线移至 HOSE 阀下部，将链条扳手固定在 HOSE 中部，旋转拆下故障 HOSE 阀</td><td>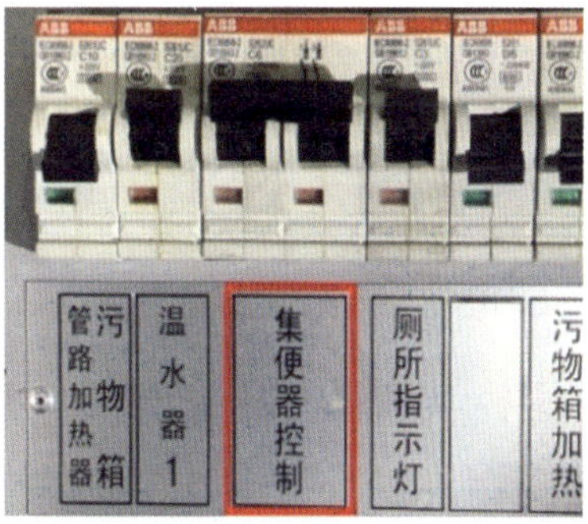</td></tr>
</table>

续上表

处理过程	排污HOSE阀更换	3. 取出故障HOSE阀后，使用链条扳手固定住HOSE阀，再用管钳将故障HOSE阀上的法兰盘取下，使用生料带缠绕在新品HOSE阀接口处，将法兰盘安装在新品HOSE阀上。 4. 使用链条扳手将组装好的HOSE阀安装在底座上。 5. 对准法兰盘4颗安装螺孔及橡胶密封圈孔，用13 mm叉口扳手及38件套组装法兰。 6. 使用生料带缠绕在气动开关接口处，用10 mm叉口扳手安装气动开关，气动开关安装后，将管路接好。 7. 恢复【集便器控制】空开，确认故障消除后，使用扎带对配线进行绑扎，将检修盖板及污物箱端（裙）板恢复	
	消音器清理	1. 打开便器检查柜门，使用尖嘴钳拆下消音器； 2. 使用细砂纸对消音器内堵塞脏物进行清理； 3. 清理完毕，恢复消音器，并确认故障消除	消音器
	Q04电磁阀紧固	1. 打开故障对应车厢污物配电柜，断开【集便器控制】空开，打开便器检查柜门，使用十字螺丝刀对Q04电磁阀与底座螺丝进行紧固； 2. 紧固后若仍存在漏气现象，则拆下里面的密封圈进行更换； 3. 更换完毕后，恢复【集便器控制】空开，并确认故障消除	Q04电磁阀
	单向阀更换及清洁	1. 打开故障对应车厢污物配电柜，断开【集便器控制】空开，使用丁字扳手拆下故障对应车厢的污物箱端板（CRH380A非统型动车组蹲厕和坐厕车下各使用一套真空集便装置，坐厕故障拆污物箱端板，蹲厕故障拆污物箱裙板），使用10 mm棘轮扳手拆下中转箱检修盖板	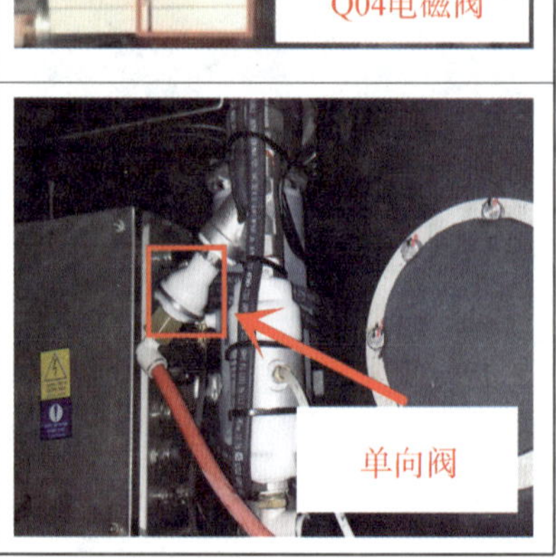

<table>
<tr><td rowspan="3">处理过程</td><td>单向阀更换及清洁</td><td>2. 使用 24 mm 叉口扳手拆卸活节，然后用管子钳配合叉口扳手拆下单向阀；
3. 使用尖嘴钳取出单向阀滤网进行检查及清洁；
4. 确认单向阀功能是否正常(阀体箭头方向应导通，反向则不导通)；
5. 更换(清洁)完毕，恢复【集便器控制】空开，确认故障消除后将各部件恢复到位</td><td>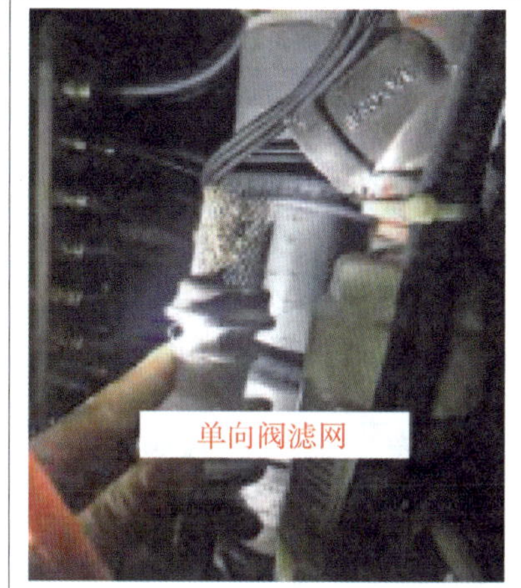
</td></tr>
<tr><td>排污HOSE阀管路疏通</td><td>1. 打开故障对应车厢污物配电柜，断开【集便器控制】空开，使用丁字扳手拆下故障对应车厢的污物箱端板(CRH380A 非统型动车组蹲厕和坐厕车下各使用一套真空集便装置，坐厕故障拆污物箱端板，蹲厕故障拆污物箱裙板)，用 10 mm 棘轮扳手拆下中转箱检修盖板，用 13 mm 棘轮扳手拆下中转箱检查盖；
2. 穿好防护服带好手套，取出堵塞排污 HOSE 阀的管路污物；
3. 疏通完毕，恢复中转箱检查盖后闭合污物配电柜【集便器控制】空开，确认故障消除后将各部件恢复到位</td><td>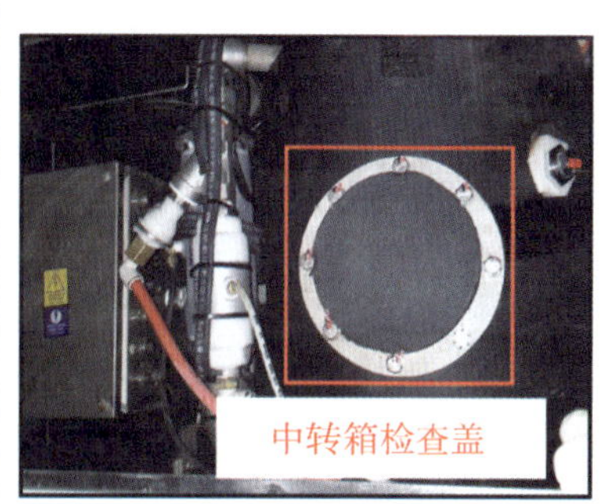
</td></tr>
<tr><td>碟阀摆杆组件紧固</td><td>蹲便器碟阀：
1. 断开故障对应车厢污物配电柜内的【集便器控制】空开。
2. 使用丁字扳手或 17 mm 棘轮扳手拆下故障对应车厢的污物箱裙板，用 10 mm 棘轮扳手拆下碟阀检查盖板。
3. 检查碟阀活塞杆与摆杆连接是否良好，若松动，使用活动扳手将其紧固。若拉杆销松动或脱落，用老虎钳将其重新安装紧固。
4. 恢复【集便器控制】空开，确认故障消除后，恢复碟阀检查盖板及污物箱裙板。
坐便器碟阀：
1. 断开故障对应车厢污物配电柜内的【集便器控制】空开，使用十字螺丝刀拆卸便器罩盖固定螺丝，取出罩盖。
2. 检查碟阀活塞杆与摆杆连接是否良好，若松动，使用活动扳手将其紧固。若拉杆销松动或脱落，用老虎钳将其重新安装紧固。
3. 紧固完毕，恢复【集便器控制】空开。
4. 确认故障消除后，恢复便器罩盖</td><td>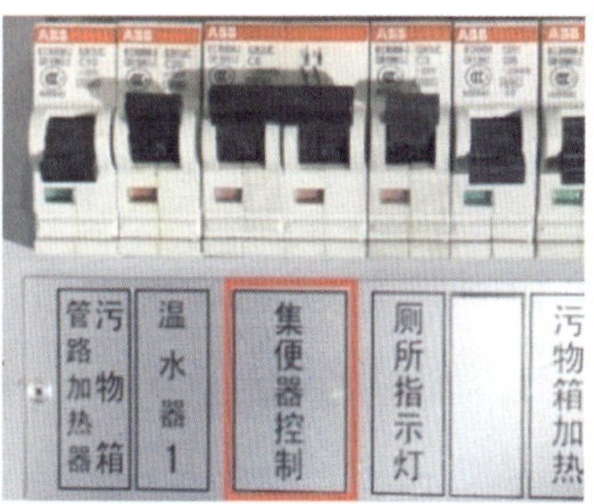

</td></tr>
</table>

<table>
<tr><td rowspan="1">处理过程</td><td>真空发生器更换</td><td>1. 断开故障对应车厢污物配电柜内的【集便器控制】空开；
2. 使用丁字扳手拆下故障对应车厢的污物箱端板(CRH380A 非统型动车组蹲厕和坐厕车下各使用一套真空集便装置，坐厕故障拆污物箱端板，蹲厕故障拆污物箱裙板)，用 10 mm 棘轮扳手拆下中转箱检修盖板；
3. 使用斜口钳剪断缠绕在真空发生器上的电伴热线固定扎带，用一字螺丝刀拆下真空发生器排气口固定卡箍，用 14 mm 叉口扳手固定真空开关下方螺栓，用 22 mm 叉口扳手拆卸真空开关，拔掉真空发生器连接气管，用 5 mm 内六角扳手拆下真空发生器固定螺栓，取出真空发生器进行更换；
4. 更换完毕，恢复【集便器控制】空开，确认故障消除后，将各部件恢复到位</td><td>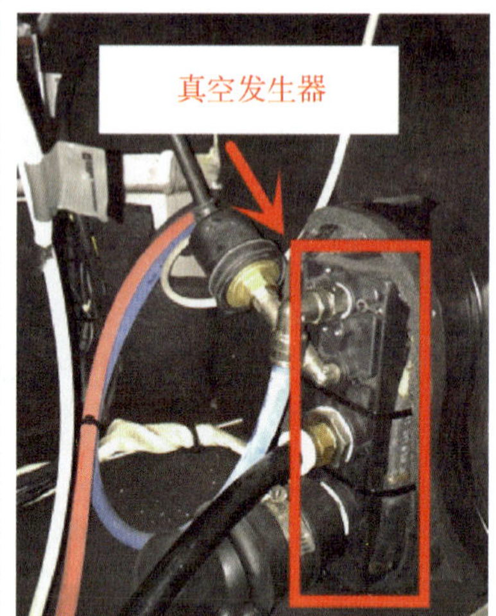
</td></tr>
<tr><td>故障确认</td><td colspan="3">处理完毕，确认便器状态良好，冲水正常</td></tr>
</table>

故障名称	**2.10　DTC显示故障代码16**（真空压力开关故障）	
适用车型	CRH2A统型动车组、CRH380A统型动车组、CRH380A非统型动车组	
工具及材料	工具：丁字扳手、17 mm棘轮扳手、14 mm叉口扳手、10 mm棘轮扳手、22 mm叉口扳手。 材料：真空开关、防护服	
故障现象	按压便器冲洗按钮，便器无法正常排污，DTC显示故障代码16（中转箱真空开关故障）且复位无效（CRH380A非统型动车组DTC显示故障代码16或17）	
原因及判断	1. 当DTC显示故障代码16（CRH380A非统型动车组DTC显示故障代码16或17）时，检查真空开关接头螺栓是否松动，若松动，紧固处理； 2. 按住Q03电磁阀橙色按钮，并按下冲水按钮，车下配合人员估算真空发生器工作时抽真空的速度（正常为7～15 s内），若低于7 s，则判断为真空压力开关故障，需更换真空压力开关	
处理过程	真空开关更换	1. 断开故障对应车厢污物配电柜【集便器控制】空开，使用丁字扳手和17 mm棘轮扳手拆下故障对应车厢污物箱端板（CRH380A非统型动车组蹲厕和坐厕车下各使用一套真空集便装置，当DTC显示故障代码16时需拆故障对应车厢污物箱端板，DTC显示故障代码17时需拆故障对应车厢污物箱裙板），用10 mm棘轮扳手拆下中转箱检修盖板； 2. 取下真空开关橡胶套，使用14 mm叉口扳手固定真空开关下方螺栓的同时，用22 mm叉口扳手拆卸故障真空开关，更换新品； 3. 更换完毕后恢复【集便器控制】空开，确认故障消除后，将检修盖板及污物箱端（裙）板恢复
故障确认	处理完毕，确认便器工作状态良好	

<table>
<tr><td>故障名称</td><td colspan="2">2.11　CRH380A 非统型动车组便器堵塞</td></tr>
<tr><td>适用车型</td><td colspan="2">CRH380A 非统型动车组</td></tr>
<tr><td>工具及材料</td><td colspan="2">工具：十字螺丝刀、活动扳手、斜口钳、一字螺丝刀、丁字扳手、17 mm 棘轮扳手、10 mm 棘轮扳手。
材料：扎带、防护服</td></tr>
<tr><td>故障现象</td><td colspan="2">1. DTC 不显示故障代码，按压便器冲洗按钮，蹲便器内污物无法下排，同车厢坐便器可正常使用；
2. DTC 不显示故障代码，按压便器冲洗按钮，坐便器内污物无法下排，同车厢蹲便器可正常使用</td></tr>
<tr><td>原因及判断</td><td colspan="2">1. DTC 不显示故障代码，按压蹲便间便器冲洗按钮，故障车厢蹲便器内污物无法下排，但同车厢坐便器仍可正常使用时，可确定蹲便器排污口至中转箱之间的管路堵塞，需进行反喷疏通，若反喷无效，则拆开直通管进行疏通；
2. DTC 不显示故障代码，按压坐便间便器冲洗按钮，故障车厢坐便器内污物无法下排，但同车厢蹲便器仍可正常使用时，可确定坐便器排污口至中转箱之间的管路堵塞，需进行反喷疏通，若反喷无效，则拆开坐便器弯头连接处或直通管进行疏通</td></tr>
<tr><td>处理过程</td><td>蹲便器疏通</td><td>1. 打开蹲便器卫生间内侧墙检查柜门，关掉主气源压力开关，将 Q01 电磁阀连接的白、绿细管拔出后反接。
2. 使用一字螺丝刀拆下坐便器旁检修盖板，用活动扳手松开右侧红、蓝粗管紧固螺栓，将风管拔出后反接。
3. 管路反接完成后，恢复主气源压力开关，通过合、断【集便器控制】空开操作进行反喷，直至堵塞物被排出。
注：反喷前应使用遮盖物盖住便池，防止反喷时污物飞溅
主气源压力开关 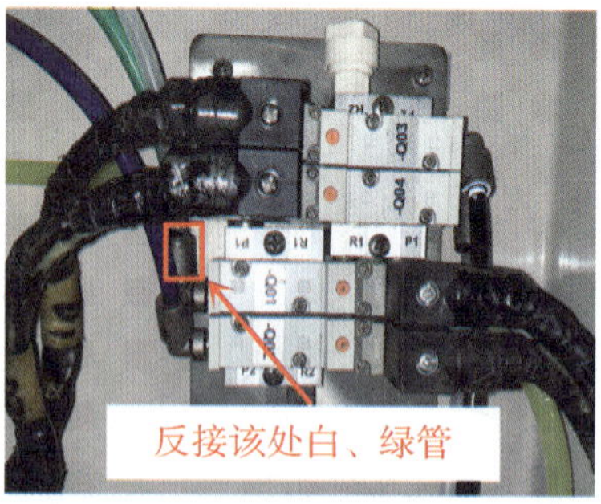
反接该处白、绿管 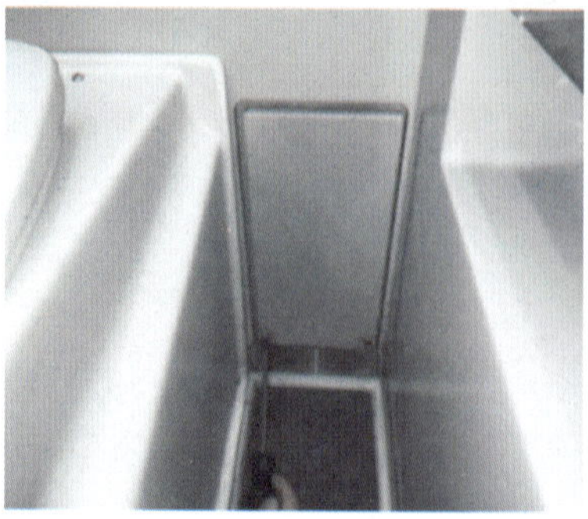</td></tr>
</table>

续上表

处理过程	蹲便器疏通	4. 故障排除后，断开【集便器控制】空开、关闭主气源压力开关，将各管路恢复至正常位置。 5. 恢复【集便器控制】空开和主气源压力开关	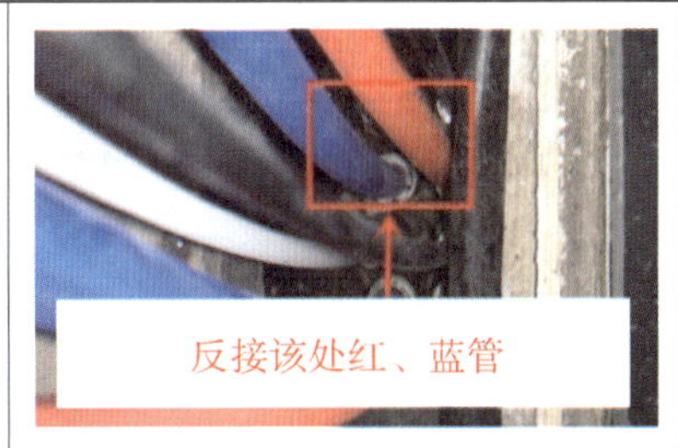
	直通管疏通	1. 断开故障对应车厢污物配电柜内的【集便器控制】空开，使用丁字扳手和 17 mm 棘轮扳手拆下故障对应车厢的污物箱裙板； 2. 使用斜口钳剪断直通管扎带，用一字螺丝刀将直通管两端的卡箍拆下并取出直通管，对管路进行疏通； 3. 疏通完成后，恢复直通管； 4. 恢复【集便器控制】空开，按压便器冲洗按钮，确认故障消除后恢复污物箱裙板	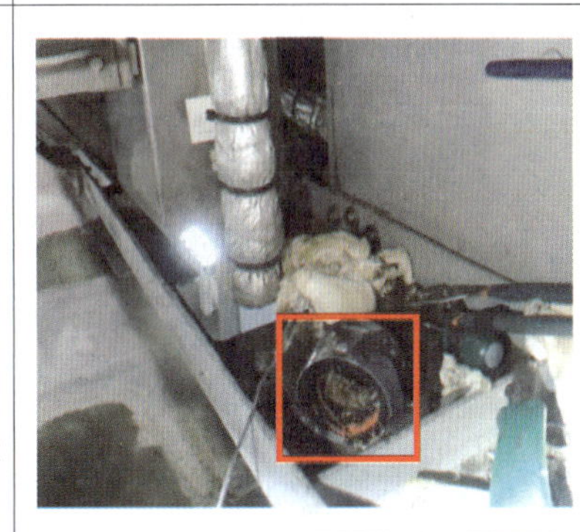
	坐便器疏通	1. 打开卫生间内侧墙上方检查柜门，关闭主气源压力开关（主气源压力开关在蹲便间，01 车、00 车除外）。 2. 打开坐便器内侧墙检查柜门，将 Q1 电磁阀下方白、绿细管拔出后反接。 3. 使用一字螺丝刀拆下坐便器旁检修盖板，用活动扳手松开左侧红、蓝粗管紧固螺栓，将风管拔出后反接。 4. 管路反接完成后，恢复主气源压力开关，通过合、断【集便器控制】空开进行反喷操作，直至堵塞物被排出。 注：反喷前应使用遮盖物盖住便池，防止反喷时污物飞溅。 5. 断开【集便器控制】空开、关闭主气源压力开关，将各管路恢复至正常位置。 6. 恢复【集便器控制】空开和主气源压力开关	反接白、绿管 反接该处红、蓝管
	坐便器弯头连接处疏通	1. 断开故障对应车厢【集便器控制】空开，关闭主气源压力开关； 2. 使用十字螺丝刀拆下便器罩盖的固定螺丝并取下便器罩盖，用 10 mm 棘轮扳手拆下弯头固定螺栓，取下弯头进行清理； 3. 清理完毕，恢复【集便器控制】空开和主气源压力开关，确认故障消除后将各部件恢复到位	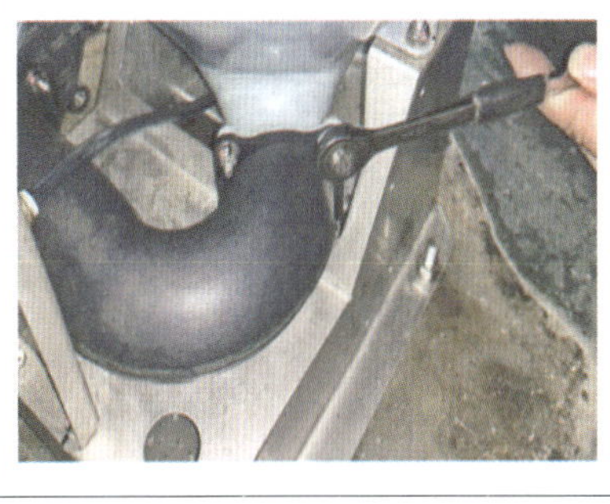
故障确认	处理完毕后，确认便器工作状态良好		

第 3 章　给排水系统

<table>
<tr><td>故障名称</td><td colspan="3">3.1　电茶炉不加热</td></tr>
<tr><td>适用车型</td><td colspan="3">CRH2A 统型动车组、CRH380A 统型动车组、CRH380A 非统型动车组</td></tr>
<tr><td>工具及材料</td><td colspan="3">工具：10 mm 棘轮扳手、活动扳手、水泵钳、斜口钳、10 mm 固定扳手。
材料：冷水磁控管、热水磁控管、控制箱、加热线圈、扎带、绝缘胶带、白布</td></tr>
<tr><td>故障现象</td><td colspan="3">电茶炉不加热，出水温度低</td></tr>
<tr><td>原因及判断</td><td colspan="3">1. 检查冷水磁控管外观是否破损，浮标是否与水位对应，若异常，则更换冷水磁控管；
2. 当冷水磁控管处于满水状态，且上水电磁阀指示灯仍点亮时，可确定冷水磁控管故障；
3. 观察电茶炉工作指示灯（黄色），若出现循环闪烁（闪烁 2 次停顿一次为一个循环）时，可确认为热水磁控管故障，需更换；
4. 检查加热线圈接插件插针是否存在缩针情况，若存在，更换加热线圈；
5. 若无上述情况，可能为电茶炉控制箱故障，需更换控制箱</td></tr>
<tr><td>处理过程</td><td>加热线圈更换</td><td>1. 断开【电茶炉电源】空开，将茶炉中部的三个排水阀门旋至平行位，进水阀旋至垂直位，排空电茶炉水箱内水。
2. 使用 10 mm 固定扳手拆下加热线圈防护板的两个螺母，卸下防护板。
3. 使用斜口钳将固定各加热线圈供电线路的扎带剪断，将电加热线圈从加热腔内取出后更换。
注：加热线圈为陶瓷盘，取出过程中须轻拿轻放。
4. 安装好新品加热线圈后恢复各阀门，闭合【电茶炉电源】空开并确认故障消除。
5. 确认故障消除后，再次断开【电茶炉电源】空开，使用扎带对线圈电源线进行绑扎。
6. 使用 10 mm 固定扳手安装线圈防护板</td><td>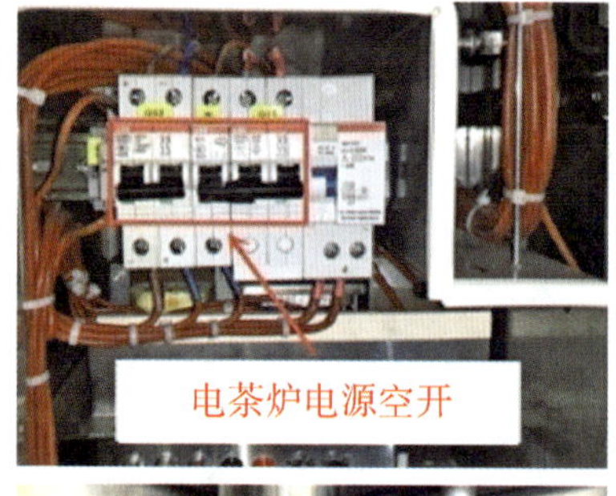

</td></tr>
</table>

<table>
<tr><td rowspan="2">处理过程</td><td>磁控管更换</td><td>1. 断开【电茶炉电源】空开，将故障磁控管对应排水阀(冷水磁控管对应产水箱排水阀，热水磁控管对应储水箱排水阀)旋转至平行位，排空磁控管内存水后恢复阀门；
2. 使用斜口钳剪开磁控管接插件线束的橡胶护套后，拔下故障磁控管接插件；
3. 使用水泵钳卸下故障磁控管的上、下固定螺母，取下故障磁控管进行更换；
4. 更换完毕，恢复【电茶炉电源】空开，确认故障消除后，使用绝缘胶带重新对接插件线束进行绝缘处理</td><td>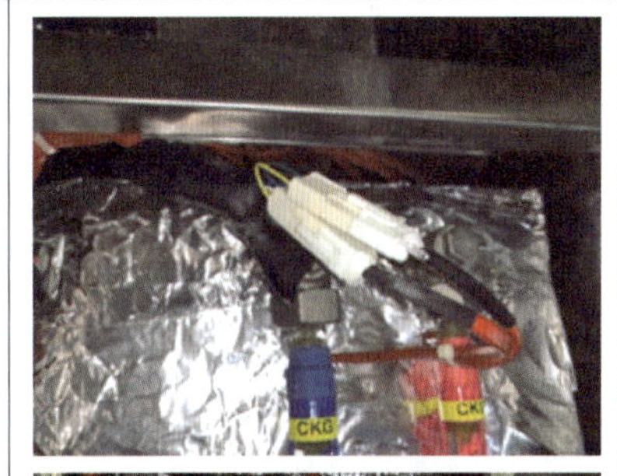
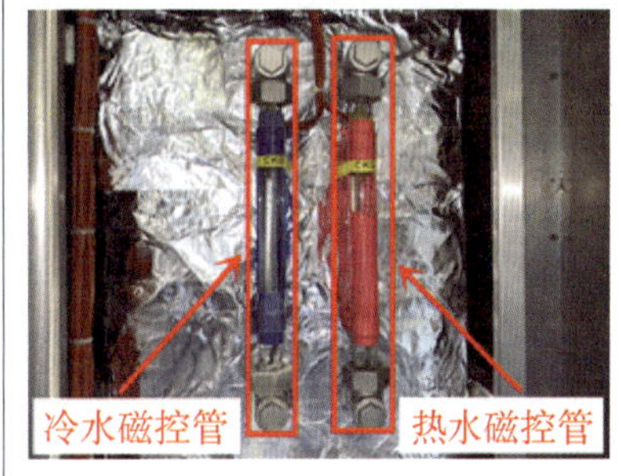
</td></tr>
<tr><td>控制箱更换</td><td>1. 断开【电茶炉电源】空开，将电茶炉进水阀门(红色)旋至垂直位；
2. 使用 10 mm 棘轮扳手卸下控制箱的固定螺栓，用活动扳手拆下与控制箱连接的活节，拔下控制箱电源插头，取出故障控制箱；
3. 使用白布清理各接头水渍、污垢，更换新的控制箱；
4. 更换完毕，恢复【电茶炉电源】空开及进水阀门，确认故障消除</td><td>

</td></tr>
<tr><td>故障确认</td><td colspan="3">处理完毕后，确认电茶炉工作正常</td></tr>
</table>

<table>
<tr><td>故障名称</td><td colspan="3">3.2 电茶炉不出水</td></tr>
<tr><td>适用车型</td><td colspan="3">CRH2A 统型动车组、CRH380A 统型动车组、CRH380A 非统型动车组</td></tr>
<tr><td>工具及材料</td><td colspan="3">工具：10 mm 棘轮扳手、8 mm 棘轮扳手、活动扳手、十字螺丝刀、一字螺丝刀。
材料：控制箱、上水电磁阀、白布、电磁阀电源插头</td></tr>
<tr><td>故障现象</td><td colspan="3">按压出水按钮，电茶炉不出水</td></tr>
<tr><td>原因及判断</td><td colspan="3">1. 先检查水箱是否有水，若水箱无水则加水后确认（CRH380A 非统型动车组无车上液位显示器，可通过车下两侧液位显示器进行水位判断）。
2. 检查电茶炉上水管路滤网是否堵塞，若堵塞，则清理。
3. 检查冷水磁控管外观是否破损，浮标是否与水位对应，若异常，则更换冷水磁控管。
4. 断开【电茶炉电源】空开，将产水箱排水阀旋转至平行位，排空产水箱水后恢复【电茶炉电源】空开及排水阀门，观察面板缺水指示灯（红色）及上水电磁阀指示灯是否点亮：
（1）若缺水指示灯不亮，可确定为控制箱坏，需更换控制箱；
（2）若缺水指示灯亮，上水电磁阀指示灯不亮，可判断为上水电磁阀电源插头或冷水磁控管存在故障；
（3）若缺水指示灯与上水电磁阀指示灯均亮，冷水磁控管水位无变化，可确定上水电磁阀存在故障，需清理或更换上水电磁阀。
5. 若无上述现象，按压出水按钮，检查出水电磁阀指示灯是否点亮：
（1）若指示灯亮，可确定出水电磁阀存在故障，需清理或更换；
（2）若指示灯不亮，可判断出水电磁阀电源插头或控制箱存在故障</td></tr>
<tr><td rowspan="2">处理过程</td><td>水箱液位确认</td><td>1. 打开故障对应车厢污物配电柜，检查水箱电源灯指示状态，确认水箱是否有水；
2. 若水箱无水，加水后再次确认</td><td> 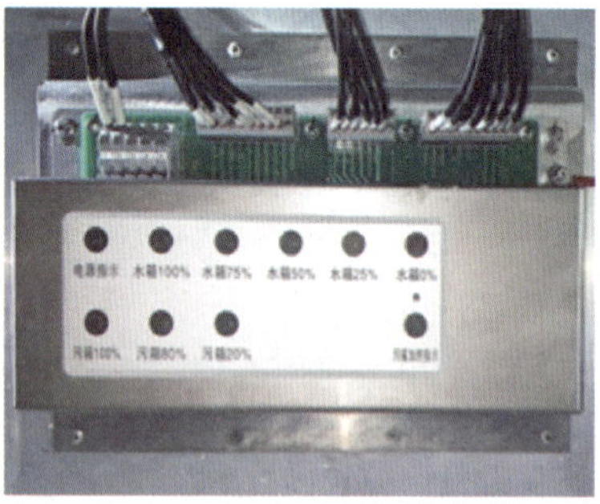</td></tr>
<tr><td>上水电磁阀清理</td><td>1. 断开【电茶炉电源】空开，将供水阀至垂直位，产水箱排水阀门旋至平行位；
2. 使用十字螺丝刀松开上水电磁阀电源接头螺丝，拔掉电源插头，用 8 mm 棘轮扳手拆下电磁阀安装座螺栓，再用活动扳手拆下电磁阀两端活节，取出上水电磁阀</td><td> 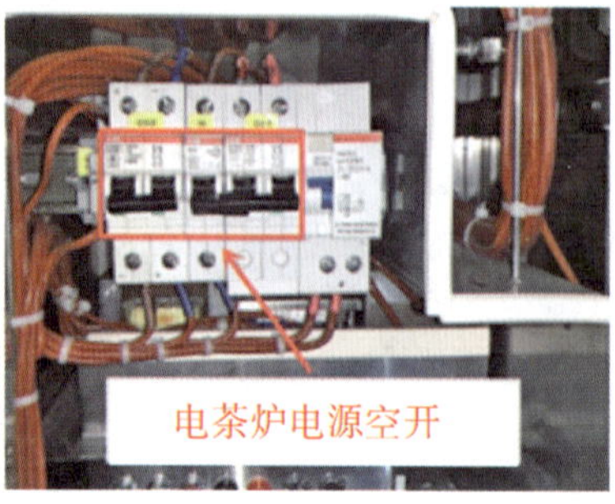</td></tr>
</table>

<table>
<tr><td rowspan="3">处理过程</td><td>上水电磁阀清理</td><td>3. 取出上水电磁阀后，使用 10 mm 棘轮扳手拆下阀体顶端固定螺栓，用十字螺丝刀拆下阀头固定螺丝，取下阀头，查看电磁阀堵头密封垫是否损坏，若损坏则更换，并清理电磁阀可视范围内的水垢及异物；
4. 清理完毕后恢复电磁阀及各组件；
5. 恢复【电茶炉电源】空开及水阀，确认故障消除</td><td>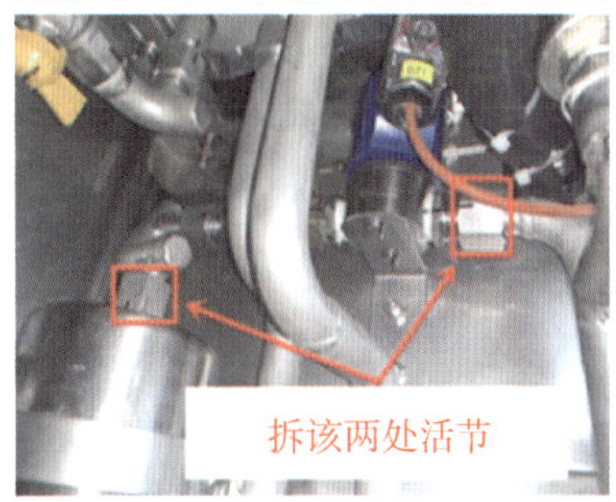</td></tr>
<tr><td>管路滤网清理</td><td>1. 断开【电茶炉电源】空开，将电茶炉进水阀门旋至垂直位，使用活动扳手拆下上水电磁阀下方的上水管路活节，对管路内滤网进行清理；
2. 清理完毕，恢复【电茶炉电源】空开和进水阀门，确认故障消除</td><td></td></tr>
<tr><td>出水电磁阀清理</td><td>1. 断开【电茶炉电源】空开，将储水箱排水阀旋转至平行位，排空储水箱内水；
2. 使用十字螺丝刀松开出水电磁阀电源接头螺丝，拔掉电源插头，用 8 mm 棘轮扳手拆下电磁阀安装座螺栓，再用活动扳手拆下电磁阀两端活节，取出出水电磁阀</td><td>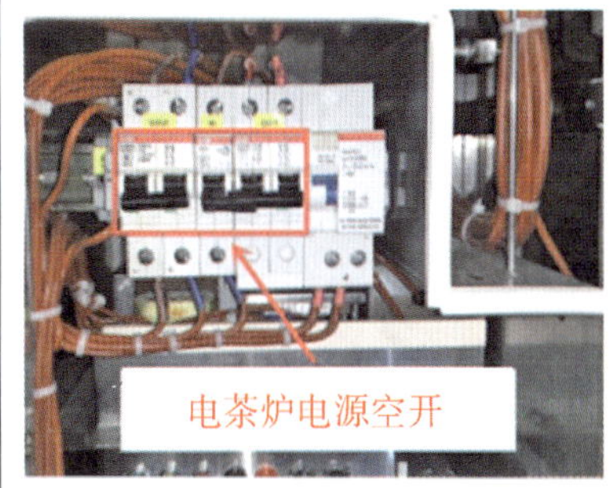</td></tr>
</table>

处理过程	出水电磁阀清理	3. 取出出水电磁阀后，使用 10 mm 棘轮扳手拆下阀体顶端固定螺栓，用十字螺丝刀拆下阀头固定螺丝，取下阀头，查看电磁阀堵头密封垫是否损坏，若损坏则更换，并清理电磁阀可视范围内的水垢及异物； 4. 清理完毕后恢复电磁阀及各组件； 5. 恢复【电茶炉电源】空开及水阀，确认故障消除	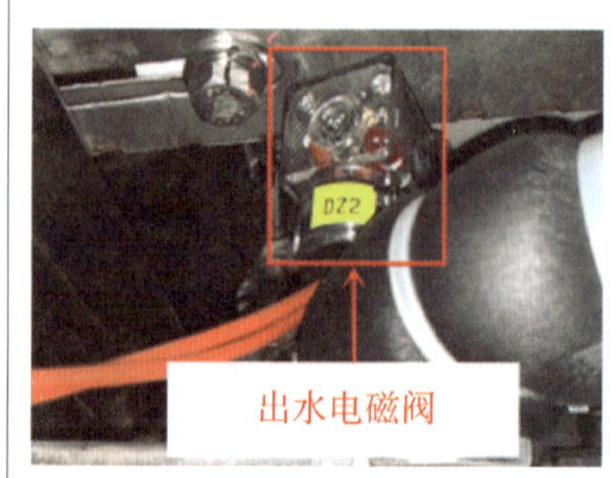
	控制箱更换	1. 断开【电茶炉电源】空开，将电茶炉进水阀门(红色)旋至垂直位； 2. 使用 10 mm 棘轮扳手卸下控制箱的固定螺栓，用活动扳手拆下与控制箱连接的活节，拔下控制箱电源插头，取出控制箱； 3. 使用白布清理各接头水渍、污垢，更换新的控制箱； 4. 更换完毕，恢复【电茶炉电源】空开及进水阀门，确认故障消除	
	电磁阀电源插头更换	1. 断开【电茶炉电源】空开，使用十字螺丝刀拆下电磁阀电源接头螺丝，拔下电源插头； 2. 旋下接线紧固件，使用一字螺丝刀拆下电源插头外壳，用十字螺丝刀拆下电源插头内接线，更换新品； 3. 更换完毕，恢复【电茶炉电源】空开，确认故障消除	
故障确认	处理完毕后，确认电茶炉工作正常		

<table>
<tr><td>故障名称</td><td colspan="3">3.3 电茶炉持续加热</td></tr>
<tr><td>适用车型</td><td colspan="3">CRH2A 统型动车组、CRH380A 统型动车组、CRH380A 非统型动车组</td></tr>
<tr><td>工具及材料</td><td colspan="3">工具:水泵钳、斜口钳。
材料:热水磁控管、绝缘胶带</td></tr>
<tr><td>故障现象</td><td colspan="3">热水磁控管内水满后,电茶炉持续加热[加热工作指示灯(黄色)常亮]</td></tr>
<tr><td>原因及判断</td><td colspan="3">当热水磁控管处于满水状态,电茶炉加热工作指示灯(黄色)仍点亮,可确定热水磁控管故障,需更换</td></tr>
<tr><td>处理过程</td><td>热水磁控管更换</td><td>1. 断开【电茶炉电源】空开,将储水箱排水阀旋转至平行位,排空热水磁控管内水后恢复阀门;
2. 使用斜口钳剪开磁控管接插件线束的橡胶护套后,拔下热水磁控管接插件;
3. 使用水泵钳卸下热水磁控管的上、下固定螺母,取下热水磁控管进行更换;
4. 更换完毕,恢复【电茶炉电源】空开,确认故障消除后,使用绝缘胶带重新对接插件线束进行绝缘处理</td><td>电茶炉电源空开</td></tr>
<tr><td>故障确认</td><td colspan="3">处理完毕后,确认电茶炉工作正常</td></tr>
</table>

<table>
<tr><td>故障名称</td><td colspan="3">3.4　电茶炉持续上水</td></tr>
<tr><td>适用车型</td><td colspan="3">CRH2A 统型动车组、CRH380A 统型动车组、CRH380A 非统型动车组</td></tr>
<tr><td>工具及材料</td><td colspan="3">工具:10 mm 棘轮扳手、8 mm 棘轮扳手、活动扳手、水泵钳、斜口钳、十字螺丝刀。
材料:上水电磁阀、冷水磁控管、绝缘胶带</td></tr>
<tr><td>故障现象</td><td colspan="3">电茶炉出水温度低且积水盘积水多</td></tr>
<tr><td>原因及判断</td><td colspan="3">1. 检查冷水磁控管外观是否破损,浮标是否与水位对应,若异常,则更换冷水磁控管;
2. 当冷水磁控管处于满水状态,且上水电磁阀指示灯仍点亮时,可确定冷水磁控管故障,需更换;
3. 若无上述情况,断开【电茶炉电源】空开,将产水箱排水阀门旋至平行位(进行排水),当冷水磁控管内水位降至一半时恢复阀门,观察冷水磁控管内水位是否上升,若上升,则为上水电磁阀卡滞,需清理或更换电磁阀</td></tr>
<tr><td>处理过程</td><td>上水电磁阀清理</td><td>1. 断开【电茶炉电源】空开,将供水阀至垂直位,产水箱排水阀门旋至平行位;
2. 使用十字螺丝刀松开上水电磁阀电源接头螺丝,拔出电源插头,用 8 mm 棘轮扳手拆下电磁阀安装座螺栓,再用活动扳手拆下电磁阀两端活节,取出上水电磁阀;
3. 取出上水电磁阀后,使用 10 mm 棘轮扳手拆下阀体顶端固定螺栓,用十字螺丝刀拆下阀头固定螺丝,取下阀头,查看电磁阀密封垫是否损坏,若损坏则更换,并对电磁阀内可视水垢及异物进行清理;
4. 处理完毕,恢复【电茶炉电源】空开及阀门,确认故障消除</td><td>
电茶炉电源空开

电茶炉上水电磁阀

拆该两处活节</td></tr>
</table>

处理过程	冷水磁控管更换	1. 断开【电茶炉电源】空开，将产水箱排水阀旋转至平行位，排空冷水磁控管内水后恢复阀门； 2. 使用斜口钳剪开磁控管接插件线束的橡胶护套后，拔下冷水磁控管接插件； 3. 使用水泵钳卸下冷水磁控管的上、下固定螺母，取下冷水磁控管进行更换； 4. 更换完毕，恢复【电茶炉电源】空开，确认故障消除后，使用绝缘胶带重新对接插件线束进行绝缘处理	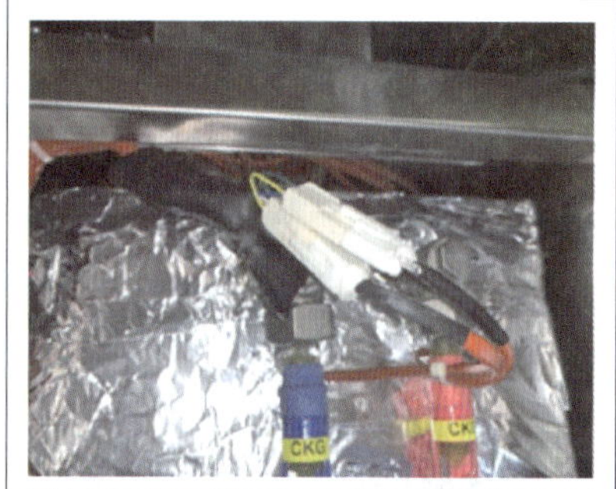 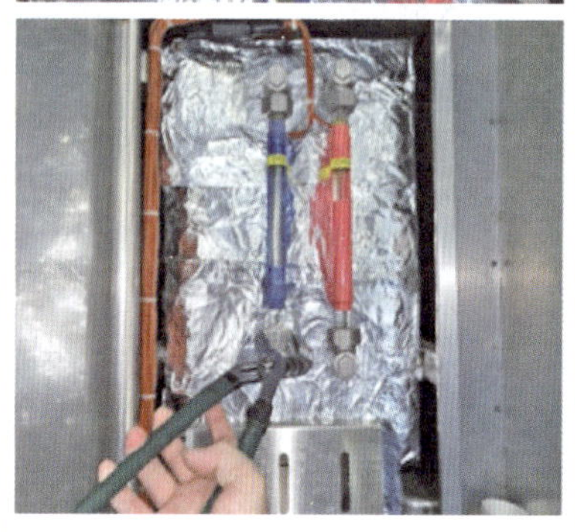
故障确认	处理完毕后，确认电茶炉工作正常		

<table>
<tr><td>故障名称</td><td colspan="3">3.5 电茶炉工作灯(黄色)闪烁</td></tr>
<tr><td>适用车型</td><td colspan="3">CRH2A 统型动车组、CRH380A 统型动车组、CRH380A 非统型动车组</td></tr>
<tr><td>工具及材料</td><td colspan="3">工具:活动扳手、10 mm 固定扳手、10 mm 棘轮扳手、水泵钳、斜口钳。
材料:热水磁控管、加热线圈、控制箱、扎带、绝缘胶带、白布</td></tr>
<tr><td>故障现象</td><td colspan="3">1. 电茶炉工作灯周期循环闪烁 1(周期:连续闪烁两次停顿一次)。
2. 电茶炉工作灯周期循环闪烁 2(周期:连续闪烁三次)。
3. 电茶炉工作灯持续闪烁</td></tr>
<tr><td>原因及判断</td><td colspan="3">1. 若电茶炉工作灯周期循环闪烁 1(周期:连续闪烁两次停顿一次),可确定为热水磁控管坏,需更换。
2. 若电茶炉工作灯周期循环闪烁 2(周期:连续闪烁三次),可确定为电茶炉控制箱坏,需更换。
3. 当电茶炉工作灯持续闪烁,先拔下加热线圈的插头,用 1 000 V 兆欧表检查加热线圈与加热腔绝缘是否良好,若绝缘击穿,需更换加热线圈。
4. 若上述检查均无异常,则确定控制箱故障,需更换</td></tr>
<tr><td rowspan="2">处理过程</td><td>热水磁控管更换</td><td>1. 断开【电茶炉电源】空开,将储水箱排水阀旋转至平行位,排空热水磁控管内水后恢复阀门;
2. 使用斜口钳剪开磁控管接插件线束的橡胶护套后,拔下热水磁控管接插件;
3. 使用水泵钳卸下热水磁控管的上、下固定螺母,取下热水磁控管进行更换;
4. 更换完毕,恢复【电茶炉电源】空开,确认故障消除后,使用绝缘胶带重新对接插件线束进行绝缘处理</td><td>  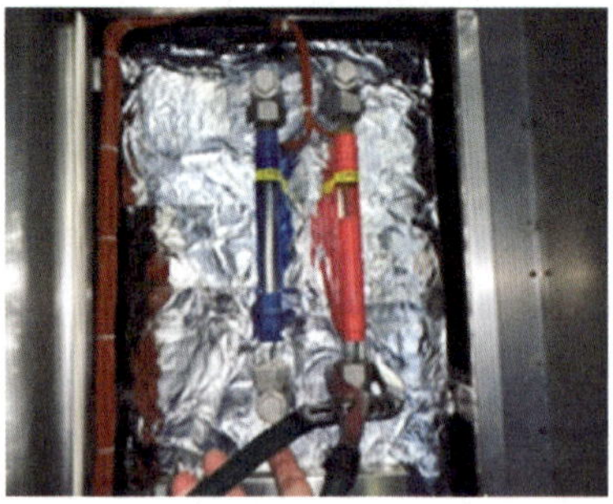</td></tr>
<tr><td>加热线圈更换</td><td>1. 断开【电茶炉电源】空开,将茶炉中部的三个排水阀门旋至平行位,供水阀旋至垂直位,排空电茶炉水箱内水。
2. 使用 10 mm 固定扳手拆下加热线圈防护板的两个螺母,卸下防护板。
3. 使用斜口钳将固定各加热线圈供电线路的扎带剪断,将电加热线圈从加热腔内取出后更换。
注:加热线圈为陶瓷盘,取出过程中须轻拿轻放</td><td> </td></tr>
</table>

续上表

<table>
<tr><td rowspan="2">处理过程</td><td>加热线圈更换</td><td>4. 安装好新品加热线圈后恢复各阀门，闭合【电茶炉电源】空开并确认故障消除。
5. 确认故障消除后，再次断开【电茶炉电源】空开，使用扎带对线圈电源线进行绑扎。
6. 使用 10 mm 固定扳手安装线圈防护板</td><td></td></tr>
<tr><td>控制箱更换</td><td>1. 断开【电茶炉电源】空开，将电茶炉进水阀门(红色)旋至垂直位；
2. 使用 10 mm 棘轮扳手卸下控制箱的固定螺栓，用活动扳手拆下与控制箱连接的活节，拔下控制箱电源插头，取出控制箱；
3. 使用白布清理各接头水渍、污垢，更换新的控制箱；
4. 更换完毕，恢复【电茶炉电源】空开及进水阀门，确认故障消除</td><td>

</td></tr>
<tr><td>故障确认</td><td colspan="3">处理完毕后，确认电茶炉工作正常</td></tr>
</table>

<table>
<tr><td>故障名称</td><td colspan="3">3.6　电茶炉电源空开跳闸</td></tr>
<tr><td>适用车型</td><td colspan="3">CRH2A 统型动车组、CRH380A 统型动车组、CRH380A 非统型动车组</td></tr>
<tr><td>工具及材料</td><td colspan="3">工具：10 mm 棘轮扳手、活动扳手。
材料：白布、控制箱</td></tr>
<tr><td>故障现象</td><td colspan="3">电茶炉电源空开无法闭合</td></tr>
<tr><td>原因及判断</td><td colspan="3">电茶炉空开跳闸且无法闭合，检查加热腔是否进水，若加热腔内有水，则需更换加热腔。若加热腔无异常，则判断为控制箱故障，需更换，若更换控制箱后故障仍未消除，则更换电茶炉电源空开</td></tr>
<tr><td rowspan="2">处理过程</td><td>控制箱更换</td><td>1. 断开【电茶炉电源】空开，将电茶炉进水阀门(红色)旋至垂直位；
2. 使用 10 mm 棘轮扳手卸下控制箱的固定螺栓，用活动扳手拆下与控制箱连接的活节，拔下控制箱电源插头，取出控制箱；
3. 使用白布清理各接头水渍、污垢，更换新的控制箱；
4. 更换完毕，恢复【电茶炉电源】空开及进水阀门，确认故障消除</td><td>

</td></tr>
<tr><td>电茶炉电源空开更换</td><td>1. 断开故障对应车厢污物配电柜内【开水炉加热电源】、【开水炉控制电源】空开；
2. 使用十字螺丝刀拆下电茶炉电源空开接线固定螺丝，拔下空开接线，取下故障空开，更换新品</td><td>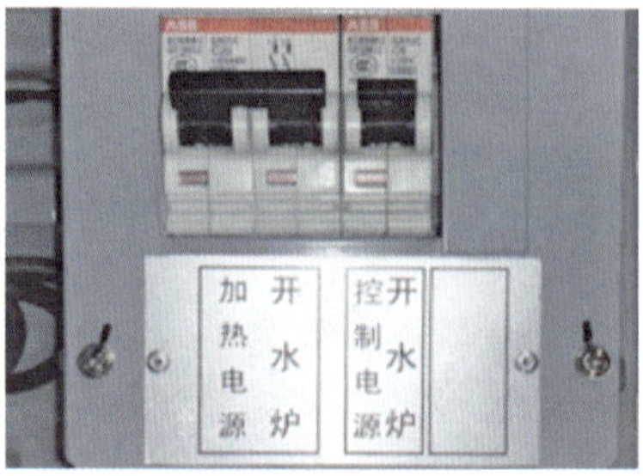
</td></tr>
</table>

<table>
<tr>
<td rowspan="2">处理过程</td>
<td>电茶炉电源空开更换</td>
<td>3. 更换完毕，恢复【开水炉加热电源】、【开水炉控制电源】空开，确认故障消除</td>
<td>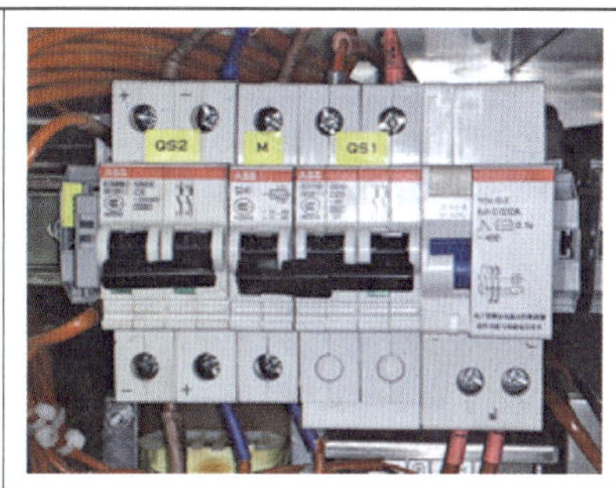
</td>
</tr>
<tr>
<td>加热腔更换</td>
<td>1. 断开【电茶炉电源】空开；
2. 将茶炉中部三个排水阀至平行位，供水阀至垂直位，排尽水箱内存水；
3. 使用 10 mm 固定扳手拆卸安装线圈防护板的两个螺母，拆下防护板；
4. 使用斜口钳将固定各加热线圈供电线路的捆绑扎带剪断，将电加热线圈从加热腔内取出（加热线圈为陶瓷盘，取出过程中须轻拿轻放）；
5. 使用 6 mm 内六角扳手拆卸固定加热腔的 8 颗螺栓，用 10 mm 和 8 mm 固定扳手拆卸接地线固定螺栓，取出加热腔并更换（更换加热腔时密封圈需一并更换）；
6. 使用 6 mm 内六角扳手紧固加热腔的 8 颗固定螺栓，再用 10 mm 和 8 mm 固定扳手安装接地线固定螺栓；
7. 复位加热线圈，并使用扎带对加热线圈电源线路进行绑扎（加热线圈禁止接触水源）；
8. 使用 10 mm 固定扳手安装线圈防护板；
9. 恢复各阀门及【电茶炉电源】空开，确认故障消除</td>
<td>
</td>
</tr>
<tr>
<td>故障确认</td>
<td colspan="3">处理完毕后，确认电茶炉工作正常</td>
</tr>
</table>

<table>
<tr><td>故障名称</td><td colspan="3">3.7　电茶炉指示灯不亮</td></tr>
<tr><td>适用车型</td><td colspan="3">CRH2A 统型动车组、CRH380A 统型动车组、CRH380A 非统型动车组</td></tr>
<tr><td>工具及材料</td><td colspan="3">工具:10 mm 棘轮扳手、活动扳手、十字螺丝刀、万用表、斜口钳。
材料:面板指示灯、保险管、开关电源、控制箱、白布、扎带</td></tr>
<tr><td>故障现象</td><td colspan="3">电茶炉出水口上方面板指示灯不亮</td></tr>
<tr><td>原因及判断</td><td colspan="3">1. 检查故障对应车厢污物配电柜内【开水炉加热电源】、【开水炉控制电源】空开是否闭合。
2. 打开电茶炉检查柜门,检查电茶炉电源空开是否闭合,控制箱电源灯(绿色)是否处于点亮状态,若点亮,可确认面板指示灯故障,需更换。
3. 若控制箱电源灯(绿色)熄灭,检查电茶炉保险管是否损坏:
(1)断开【开水炉加热电源】和【开水炉控制电源】空开,拆下电茶炉保险管;
(2)使用万用表通断档位检测保险管是否损坏(正常应为正向导通,反向不导通),若损坏则更换[保险管共有三个,电茶炉电源空开左侧一个(CRH380A 非统型动车组在电源模块盒上),控制箱面板两个]。
4. 观察开关电源指示灯(绿色)状态,正常时绿灯为常亮,异常时灯光黯淡且不停闪烁,需更换。
5. 若上述均无异常,则可判断为控制箱故障,需更换控制箱</td></tr>
<tr><td rowspan="3">处理过程</td><td>面板指示灯更换</td><td>1. 断开故障对应车厢污物配电柜内【开水炉加热电源】和【开水炉控制电源】空开。
2. 使用十字螺丝刀拆下电茶炉背面保护盖固定螺丝,取下保护盖,用斜口钳剪断灯罩上扎带后,用 7 mm 棘轮扳手拆下指示灯灯罩,将故障指示灯拆下,更换新品。
3. 更换完毕,恢复【开水炉加热电源】和【开水炉控制电源】空开,确认故障消除后,恢复各部件</td><td></td></tr>
<tr><td>保险管更换</td><td>1. 断开故障对应车厢污物配电柜内【开水炉加热电源】和【开水炉控制电源】空开;
2. 逆时针拧下保险管盖帽并将保险管取出后进行更换;
3. 更换完毕,恢复【开水炉加热电源】和【开水炉控制电源】空开,确认故障消除</td><td>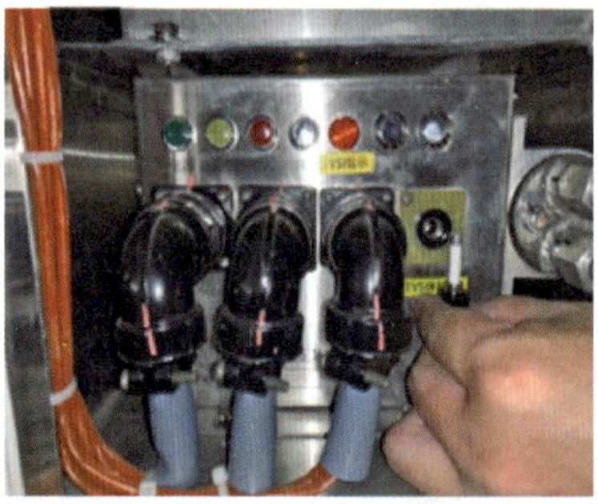</td></tr>
<tr><td>开关电源更换</td><td>1. 断开故障对应车厢污物配电柜内【开水炉加热电源】和【开水炉控制电源】空开;
2. 使用 10 mm 棘轮扳手拆下开关电源盒固定螺栓,取出开关电源盒盖,用十字螺丝刀拆下开关电源安装螺丝及电源线,取出开关电源进行更换</td><td></td></tr>
</table>

<table>
<tr><td rowspan="2">处理过程</td><td>开关电源更换</td><td>3. 更换完毕后恢复各部件，闭合【开水炉加热电源】和【开水炉控制电源】空开，确认故障消除</td><td> 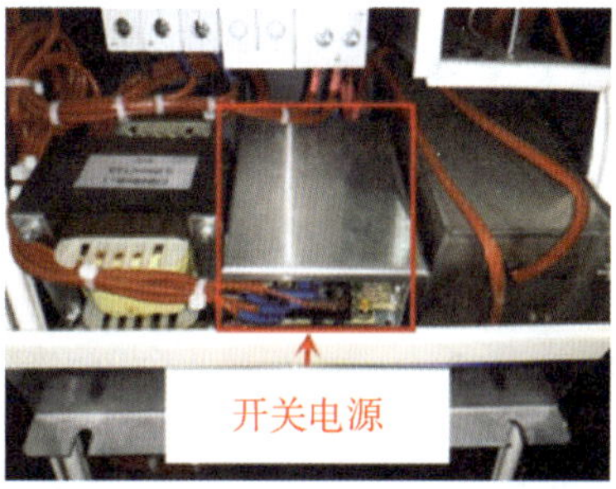开关电源</td></tr>
<tr><td>控制箱更换</td><td>1. 断开【电茶炉电源】空开，将电茶炉进水阀门(红色)旋至垂直位；
2. 使用 10 mm 棘轮扳手卸下控制箱的固定螺栓，用活动扳手拆下与控制箱连接的活节，拔下控制箱电源插头，取出控制箱；
3. 使用白布清理各接头水渍、污垢，更换新的控制箱；
4. 更换完毕，恢复【电茶炉电源】空开及进水阀门，确认故障消除</td><td> 电茶炉电源空开 
进水阀门</td></tr>
<tr><td>故障确认</td><td colspan="3">处理完毕后，确认电茶炉工作正常</td></tr>
</table>

<table>
<tr><td>故障名称</td><td colspan="3">3.8　电茶炉缺水灯(红色)闪烁</td></tr>
<tr><td>适用车型</td><td colspan="3">CRH2A 统型动车组、CRH380A 统型动车组、CRH380A 非统型动车组</td></tr>
<tr><td>工具及材料</td><td colspan="3">工具:活动扳手、十字螺丝刀、8 mm 棘轮扳手、水泵钳、10 mm 棘轮扳手、斜口钳、一字螺丝刀。
材料:冷水磁控管、上水电磁阀、绝缘胶带、电磁阀电源插头</td></tr>
<tr><td>故障现象</td><td colspan="3">电茶炉缺水指示灯(红色)闪烁</td></tr>
<tr><td>原因及判断</td><td colspan="3">1. 先检查水箱是否有水,若水箱无水则加水后确认(CRH380A 非统型动车组无车上液位显示器,可通过车下两侧液位显示器进行水位判断)。
2. 检查电茶炉上水管路滤网是否堵塞,若堵塞,则清理。
3. 检查冷水磁控管内浮标是否与水位对应,若不对应,可确定为冷水磁控管故障。
4. 断开【电茶炉电源】空开,将产水箱排水阀旋转至平行位,排空产水箱水后恢复【电茶炉电源】空开及排水阀门,观察上水电磁阀指示灯是否点亮:
(1)若上水电磁阀指示灯不亮,可判断为上水电磁阀电源插头或冷水磁控管存在故障;
(2)若上水电磁阀指示灯亮,冷水磁控管水位无变化,可确定上水电磁阀存在故障,需清理或更换上水电磁阀</td></tr>
<tr><td rowspan="2">处理过程</td><td>水箱液位确认</td><td>1. 打开污物配电柜,检查水箱电源灯指示状态,确认水箱是否有水;
2. 若水箱无水,加水后再次确认</td><td></td></tr>
<tr><td>上水电磁阀清理</td><td>1. 断开【电茶炉电源】空开,将供水阀至垂直位,产水箱排水阀门旋至平行位;
2. 使用十字螺丝刀松开上水电磁阀电源接头螺丝,拔掉电源插头,用 8 mm 棘轮扳手拆下电磁阀安装座螺栓,再用活动扳手拆下电磁阀两端活节,取出上水电磁阀;
3. 取出上水电磁阀后,使用 10 mm 棘轮扳手拆下阀体顶端固定螺栓,用十字螺丝刀拆下阀头固定螺丝,取下阀头,查看电磁阀堵头密封垫是否损坏,若损坏则更换,并清理电磁阀可视范围内的水垢及异物</td><td></td></tr>
</table>

<table>
<tr>
<td rowspan="3">处理过程</td>
<td>上水电磁阀清理</td>
<td>4. 清理完毕后恢复电磁阀及各组件；
5. 恢复【电茶炉电源】空开及水阀，确认故障消除</td>
<td>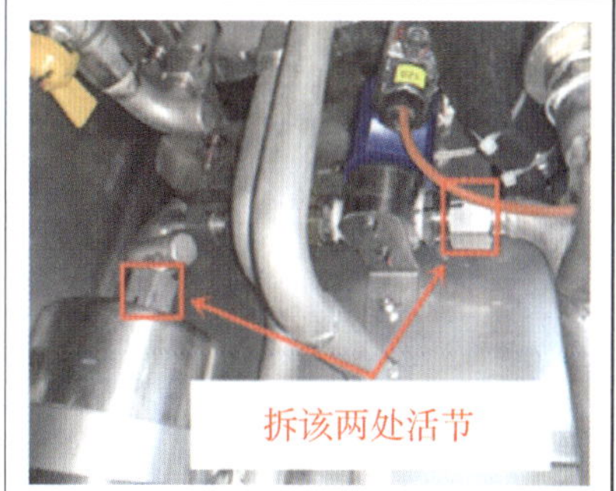</td>
</tr>
<tr>
<td>管路滤网清理</td>
<td>1. 断开【电茶炉电源】空开，将电茶炉进水阀门旋至垂直位，用活动扳手拆下上水电磁阀下方的上水管路活节，对管路内滤网进行清理；
2. 清理完毕，恢复【电茶炉电源】空开和进水阀门，确认故障消除</td>
<td></td>
</tr>
<tr>
<td>冷水磁控管更换</td>
<td>1. 断开【电茶炉电源】空开，将产水箱排水阀旋转至平行位，排空冷水磁控管内水后恢复阀门；
2. 使用斜口钳剪开磁控管接插件线束的橡胶护套后，拔下冷水磁控管接插件；
3. 使用水泵钳卸下冷水磁控管的上、下固定螺母，取下冷水磁控管进行更换；
4. 更换完毕，恢复【电茶炉电源】空开，确认故障消除后，使用绝缘胶带重新对接插件线束进行绝缘处理</td>
<td>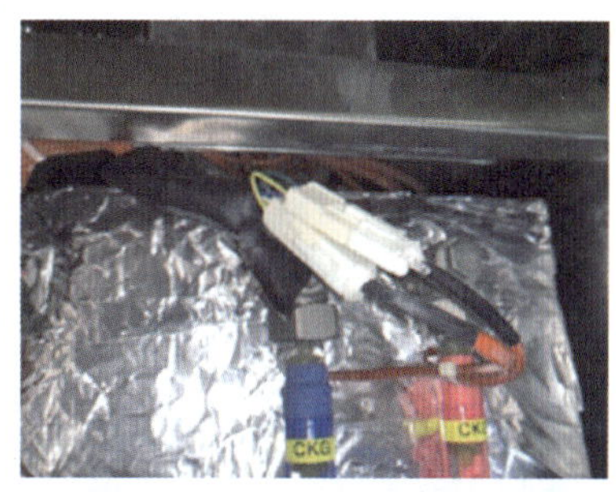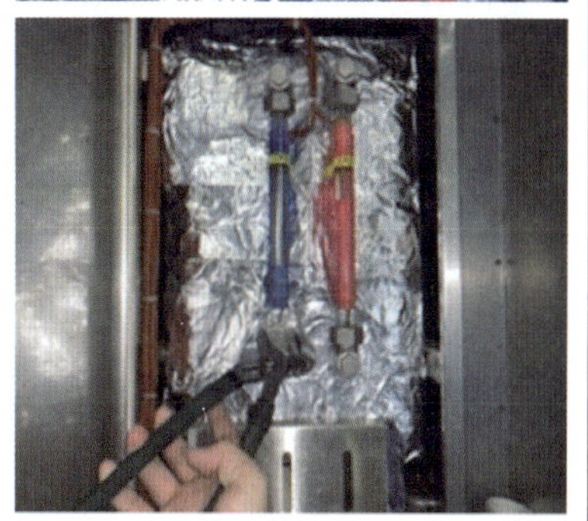</td>
</tr>
</table>

<table>
<tr><td rowspan="1">处理过程</td><td>电磁阀电源插头更换</td><td>1. 断开【电茶炉电源】空开，使用十字螺丝刀拆下电磁阀电源接头螺丝，拔下电源插头；
2. 旋下接线紧固件，使用一字螺丝刀拆下电源插头外壳，用十字螺丝刀拆下电源插头内接线，更换新品；
3. 更换完毕，恢复【电茶炉电源】空开，确认故障消除</td><td></td></tr>
<tr><td>故障确认</td><td colspan="3">处理完毕后，确认电茶炉工作正常</td></tr>
</table>

<table>
<tr><td>故障名称</td><td colspan="3">3.9 电茶炉电源灯(绿灯)闪烁</td></tr>
<tr><td>适用车型</td><td colspan="3">CRH2A 统型动车组、CRH380A 统型动车组、CRH380A 非统型动车组</td></tr>
<tr><td>工具及材料</td><td colspan="3">工具:10 mm 棘轮扳手、8 mm 棘轮扳手、活动扳手。
材料:开关电源、溢水板</td></tr>
<tr><td>故障现象</td><td colspan="3">电茶炉电源灯(绿色)闪烁</td></tr>
<tr><td>原因及判断</td><td colspan="3">1. 打开电茶炉检查柜门,检查电茶炉积水盘是否存在积水导致溢位仪升起,若存在,则清理积水盘排水管路;
2. 观察开关电源指示灯(绿色)状态,正常时绿灯为长亮,异常时灯光黯淡且不停闪烁。异常时需更换开关电源;
3. 若上述无异常,则确认为溢水板故障,需更换溢水板。
注:CRH380A 非统型动车组无溢水板及溢位仪,只需观察开关电源指示灯(绿色)状态</td></tr>
<tr><td rowspan="2">处理过程</td><td>积水盘排水管路清理</td><td>1. 打开电茶炉检查柜门,关闭电茶炉进水阀门(旋至垂直位),使用 8 mm 棘轮扳手拆下过滤网固定螺栓后,用活扳拆卸连接排水口的活节;
2. 清理滤网及排水口异物后,恢复排水管路组件;
3. 恢复电茶炉进水阀门并确认故障消除</td><td> 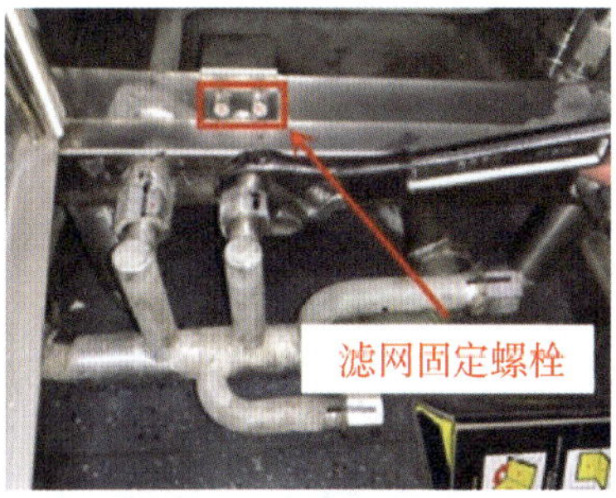</td></tr>
<tr><td>溢水板更换</td><td>1. 断开【电茶炉电源】空开;
2. 使用 8 mm 棘轮扳手拆下溢水板检修盖板螺栓,用 5.5 mm 棘轮扳手拆下溢水板安装螺栓,拔下接插件,更换新的溢水板;
3. 更换完毕后恢复【电茶炉电源】空开,确认故障消除;
4. 恢复溢水板检修盖板</td><td>   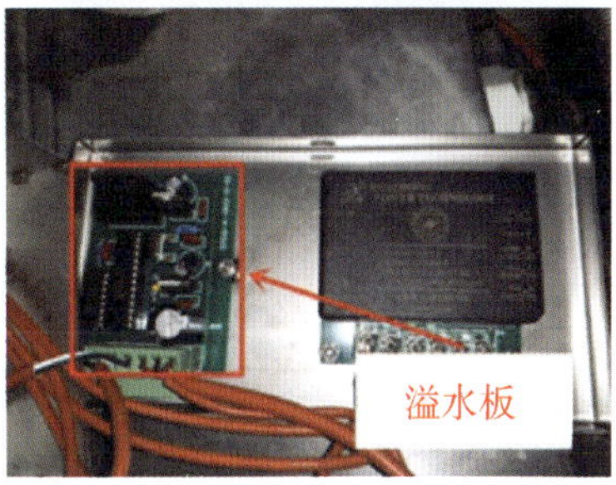</td></tr>
</table>

续上表

处理过程	开关电源更换	1. 断开故障对应车厢污物配电柜内【开水炉加热电源】和【开水炉控制电源】空开； 2. 使用 10 mm 棘轮扳手拆下开关电源盒固定螺栓，取出开关电源盒盖，用十字螺丝刀拆下开关电源安装螺丝及电源线，取出开关电源进行更换； 3. 更换完毕后恢复各部件，恢复【开水炉加热电源】和【开水炉控制电源】空开，确认故障消除	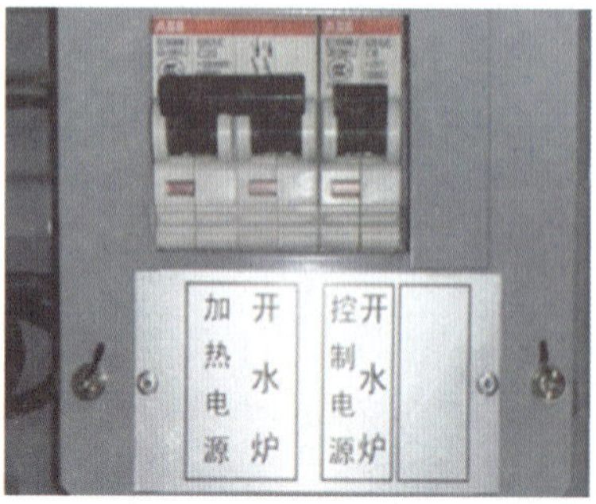 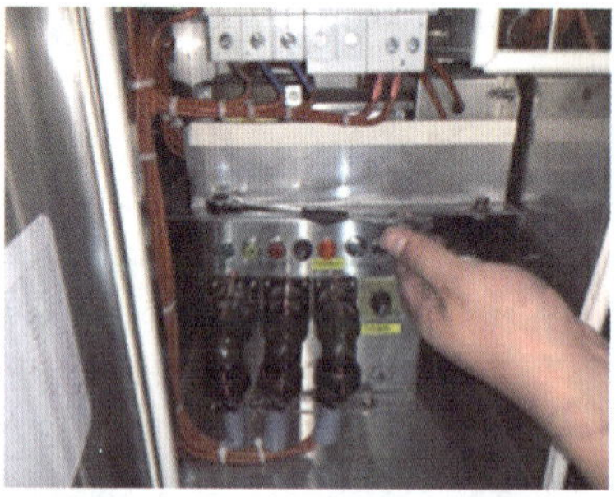 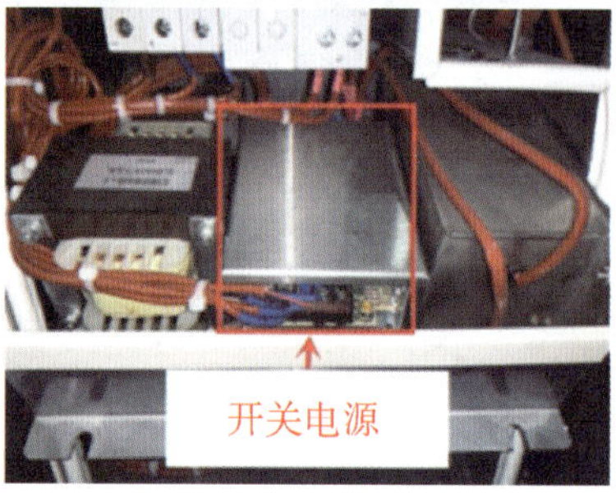
故障确认	处理完毕后，确认电茶炉工作正常		

故障名称	3.10　电茶炉漏水
适用车型	CRH2A 统型动车组、CRH380A 统型动车组、CRH380A 非统型动车组
工具及材料	工具：水泵钳、活动扳手、斜口钳、十字螺丝刀、一字螺丝刀、6 mm 内六角扳手、10 mm 固定扳手、8 mm 固定扳手、8 mm 棘轮扳手、10 mm 棘轮扳手、13 mm 棘轮扳手、尖嘴钳、3 mm 内六角扳手。 材料：生料带、绝缘胶布、冷水磁控管、热水磁控管、上水电磁阀、铁丝、密封圈、加热腔、水箱、排水电磁阀、出水电磁阀
故障现象	1. 电茶炉管路接头、溢气阀、上水电磁阀出现漏水现象； 2. 排水管持续出水； 3. 电茶炉接水盘有水溢出； 4. 电茶炉出水口持续出水； 5. 电茶炉加热腔漏水； 6. 电茶炉水箱漏水
原因及判断	1. 电茶炉管路接头漏水，可判断为管路接头松动或密封胶圈失效，需紧固接头活节或更换密封圈。 2. 溢气阀漏水，为溢气阀密封失效导致，需对溢气阀盖进行紧固处理。 3. 上水电磁阀漏水，为上水电磁阀密封失效或电磁阀故障，需清理或更换上水电磁阀。 4. 排水管不断有水流到积水盘中，需检查磁控管及上水电磁阀、排水电磁阀是否故障。 检查方法： (1)检查磁控管外观是否破损，浮标是否与水位对应，若异常，则更换磁控管； (2)当冷水磁控管处于满水状态，且上水电磁阀指示灯仍点亮时，可确定冷水磁控管故障； (3)当热水磁控管处于满水状态且工作灯仍一直点亮，可确定为热水磁控管故障； (4)若无上述情况，断开【电茶炉电源】空开，将产水箱排水阀门旋至平行位(进行排水)，当冷水磁控管内水位降至一半时恢复阀门，观察冷水磁控管内水位是否上升，若上升，则为上水电磁阀卡滞，需清理或更换电磁阀； (5)拆开排水电磁阀连接的金属管，复位 DTC 看是否有水流出，若有水流出可判断为排水电磁阀故障。 5. 若电茶炉接水盘有水溢出，则判断为接水盘滤网或排水管路堵塞，需疏通。 6. 检查电茶炉中部三个排水阀门是否处于垂直位，排水阀门没关闭到位会导致漏水。 7. 电茶炉出水口持续出水，可确定为出水电磁阀卡滞，需清理或更换出水电磁阀。 8. 电茶炉加热腔存在开焊情况时，会导致漏水，需更换加热腔。 9. 电茶炉水箱存在漏水情况时需更换水箱

续上表

处理过程	管路接头紧固及密封圈更换	1. 使用活动扳手紧固电茶炉管路接头活节，若紧固后仍漏水，可确定为管路密封圈失效； 2. 使用活动扳手松开电茶炉管路接头活节，更换密封圈； 3. 更换完毕后紧固活节，确认无漏水现象	
	溢气阀盖紧固	1. 使用尖嘴钳拧松溢气阀盖子，将溢气阀盖取下； 2. 将溢气阀盖子螺纹接口缠上生料带后重新安装并紧固； 3. 确认密封良好无漏水	
	上水电磁阀清理	1. 断开【电茶炉电源】空开，将供水阀旋至垂直位，产水箱排水阀门旋至平行位； 2. 使用十字螺丝刀松开上水电磁阀电源接头螺丝，拔掉电源插头，用 8 mm 棘轮扳手拆下电磁阀安装座螺栓，再用活动扳手拆下电磁阀两端活节，取出上水电磁阀； 3. 取出上水电磁阀后，使用 10 mm 棘轮扳手拆下阀体顶端固定螺栓，用十字螺丝刀拆下阀头固定螺丝，取下阀头，查看电磁阀堵头密封垫是否损坏，若损坏则更换，并清理电磁阀可视范围内的水垢及异物； 4. 清理完毕后恢复电磁阀及各组件； 5. 恢复【电茶炉电源】空开及水阀，确认故障消除	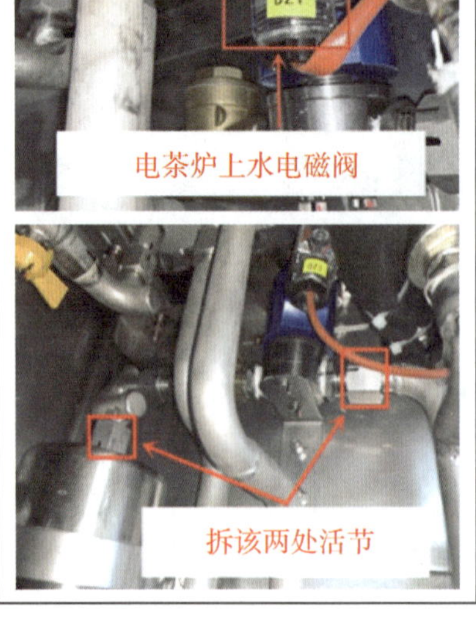

<table>
<tr>
<td rowspan="2">处理过程</td>
<td>磁控管更换</td>
<td>1. 断开【电茶炉电源】空开,将故障磁控管对应排水阀(冷水磁控管对应产水箱排水阀,热水磁控管对应储水箱排水阀)旋转至平行位,排空故障磁控管内水后恢复阀门;
2. 使用斜口钳剪开磁控管接插件线束的橡胶护套后,拔下故障磁控管接插件;
3. 使用水泵钳卸下故障磁控管的上、下固定螺母,取下故障磁控管进行更换;
4. 更换完毕,恢复【电茶炉电源】空开,确认故障消除后,使用绝缘胶带重新对接插件线束进行绝缘处理</td>
<td>

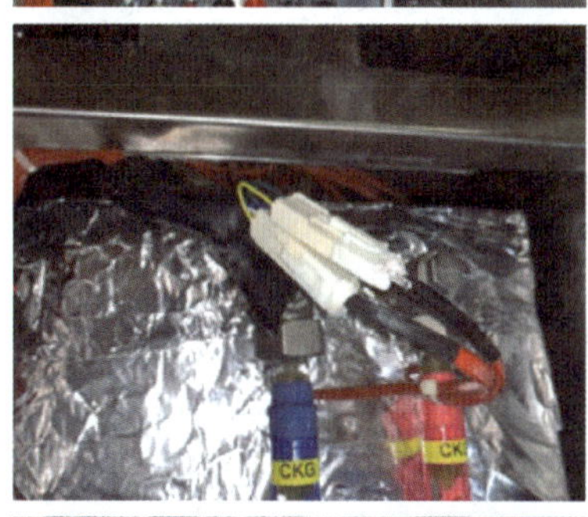

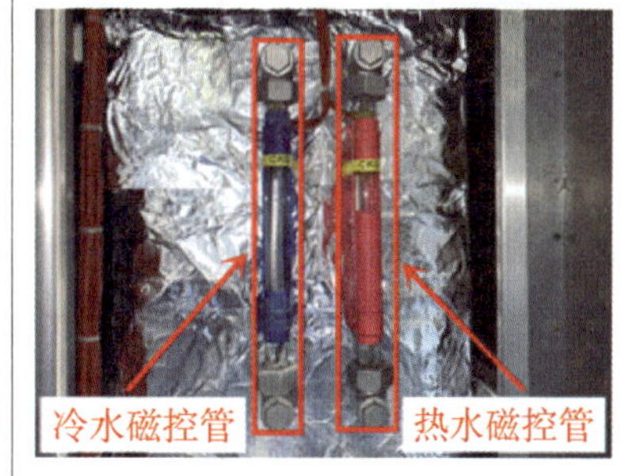
</td>
</tr>
<tr>
<td>排水管路疏通</td>
<td>1. 拆下电茶炉接水盘,取下滤网进行清理;
2. 若清理滤网后仍堵塞,使用一字螺丝刀松开连接滤网软管的卡箍,取下软管用铁丝进行疏通</td>
<td>
</td>
</tr>
</table>

处理过程	排水阀位置确认	1. 检查电茶炉排水阀开闭状态，正常时应处于垂直位； 2. 确认并恢复阀门	
	加热腔更换	1. 断开【电茶炉电源】空开； 2. 将茶炉中部三个排水阀至平行位，供水阀至垂直位，排尽水箱内存水； 3. 使用 10 mm 固定扳手拆卸安装线圈防护板的两个螺母，拆下防护板； 4. 使用斜口钳将固定各加热线圈供电线路的捆绑扎带剪断，将电加热线圈从加热腔内取出（加热线圈为陶瓷盘，取出过程中须轻拿轻放）； 5. 使用 6 mm 内六角扳手拆卸固定加热腔的 8 颗螺栓，用 10 mm 和 8 mm 固定扳手拆卸接地线固定螺栓，取出加热腔并更换（更换加热腔时密封圈需一并更换）； 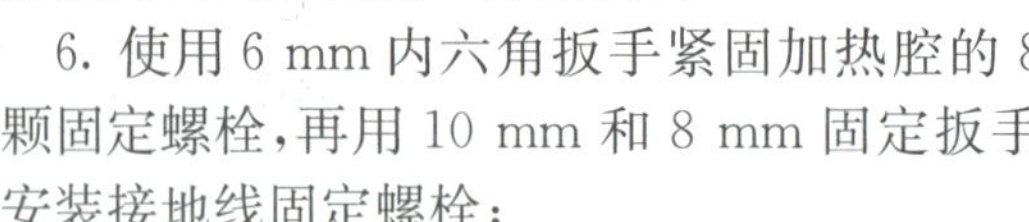 6. 使用 6 mm 内六角扳手紧固加热腔的 8 颗固定螺栓，再用 10 mm 和 8 mm 固定扳手安装接地线固定螺栓； 7. 复位加热线圈，并使用扎带对加热线圈电源线路进行绑扎（加热线圈禁止接触水源）； 8. 使用 10 mm 固定扳手安装线圈防护板； 9. 恢复各阀门及【电茶炉电源】空开，确认故障消除	
	水箱更换	1. 断开【电茶炉电源】空开； 2. 将茶炉中部三个排水阀至平行位，供水阀至垂直位，排尽水箱内存水； 3. 使用斜口钳剪开磁控管上方接插件线束的橡胶护套后，拔下磁控管接插件； 4. 使用水泵钳卸下磁控管的上、下固定螺母，取出磁控管； 5. 使用 10 mm 固定扳手拆卸安装线圈防护板的两个螺母，卸下防护板，使用斜口钳将固定各加热线圈供电线路的扎带剪断，将电加热线圈从加热腔内取出	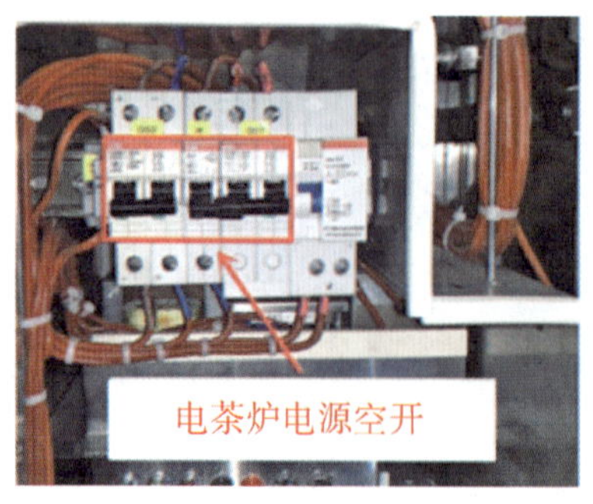

续上表

处理过程	水箱更换	6. 使用活动扳手将水箱各管路活节拆下，用 13 mm 棘轮扳手拆下水箱安装座固定螺栓，取出水箱进行更换； 7. 更换完毕，恢复磁控管、电加热线圈等各组件； 8. 恢复各阀门及【电茶炉电源】空开，确认故障消除	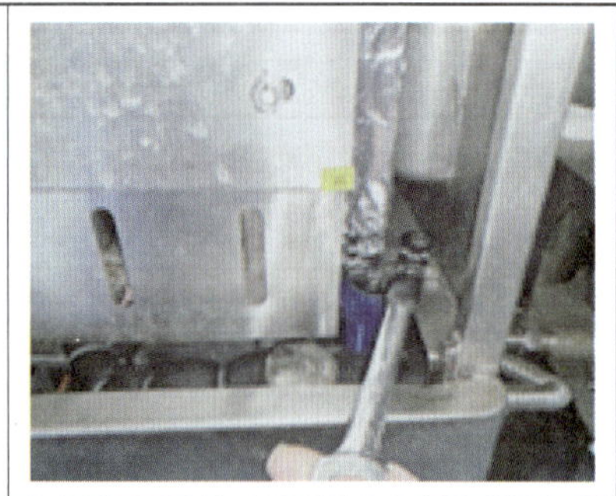
	电茶炉排水电磁阀清理	1. 断开故障对应车厢污物配电柜【开水炉加热电源】、【开水炉控制电源】空开后，打开电茶炉检查柜门，使用十字螺丝刀将排水电磁阀电源插头拆下； 2. 使用一字螺丝刀松开电磁阀阀头固定卡扣，取下阀头，用水泵钳拧松电磁阀阀芯，用 3 mm 内六角扳手拆下排水电磁阀底座的 4 颗固定螺栓，取下排水电磁阀； 3. 取出排水电磁阀后，将阀芯取出，用细砂纸对电磁阀内锈蚀部位进行清理，清理完毕后涂上润滑油再进行组装，确保各部件安装到位； 4. 恢复【开水炉加热电源】、【开水炉控制电源】空开，确认故障消除	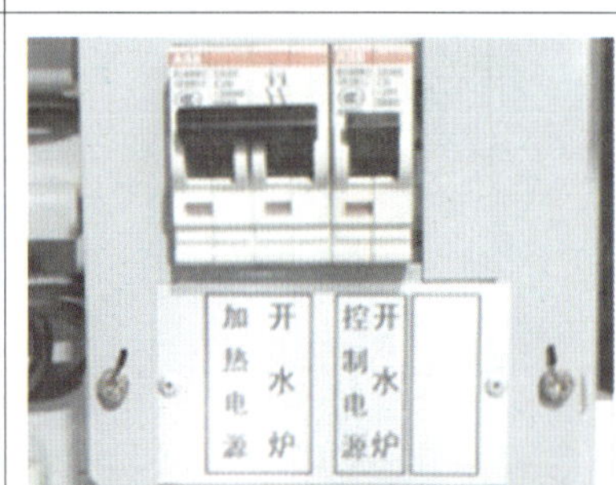 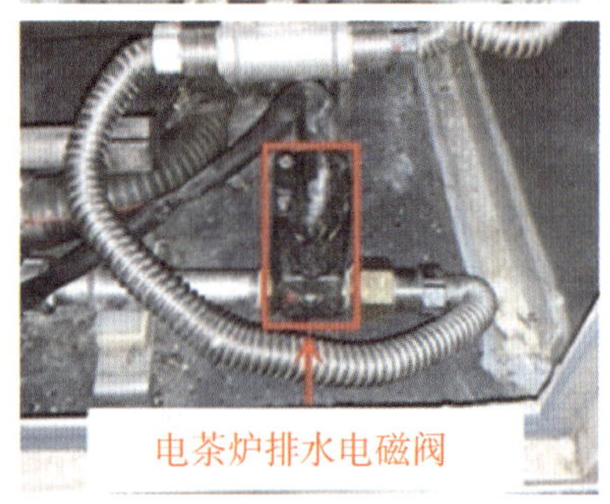 电茶炉排水电磁阀
	出水电磁阀清理	1. 断开【电茶炉电源】空开，将储水箱排水阀旋转至平行位，排空储水箱内水； 2. 使用十字螺丝刀松开出水电磁阀电源接头螺丝，拔掉电源插头，用 8 mm 棘轮扳手拆下电磁阀安装座螺栓，再用活动扳手拆下电磁阀两端活节，取出出水电磁阀； 3. 取出出水电磁阀后，使用 10 mm 棘轮扳手拆下阀体顶端固定螺栓，用十字螺丝刀拆下阀头固定螺丝，取下阀头，查看电磁阀堵头密封垫是否损坏，若损坏则更换，并清理电磁阀可视范围内的水垢及异物； 4. 清理完毕后恢复电磁阀及各组件； 5. 恢复【电茶炉电源】空开及水阀，确认故障消除	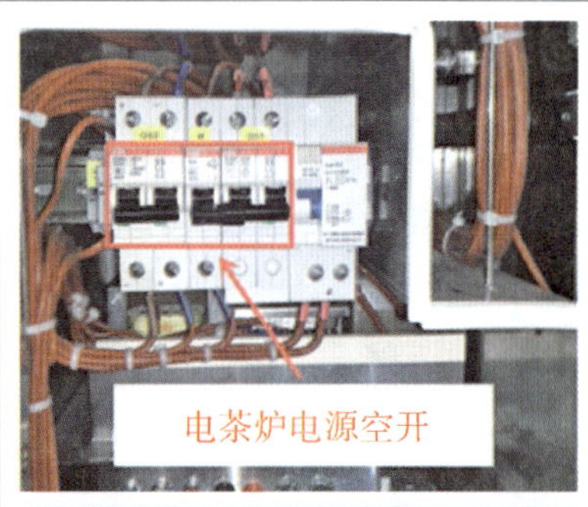 电茶炉电源空开 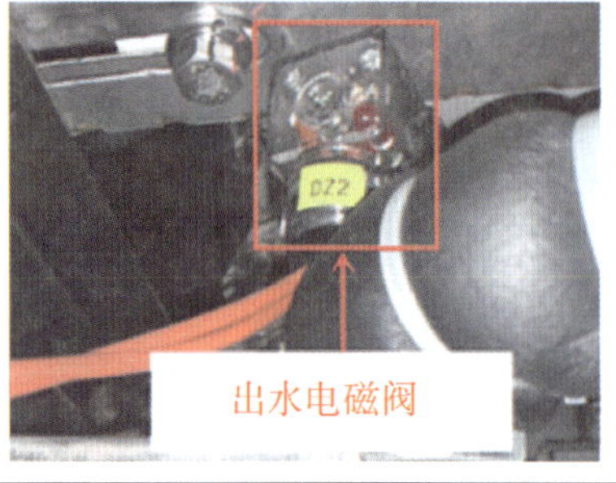 出水电磁阀
故障确认	处理完毕，确认电茶炉工作状态良好无漏水		

<table>
<tr><td>故障名称</td><td colspan="3">3.11　洗手池堵塞</td></tr>
<tr><td>适用车型</td><td colspan="3">CRH2A 统型动车组、CRH380A 统型动车组、CRH380A 非统型动车组</td></tr>
<tr><td>工具及材料</td><td colspan="3">工具：一字螺丝刀、细铁丝</td></tr>
<tr><td>故障现象</td><td colspan="3">洗手池堵塞</td></tr>
<tr><td>原因及判断</td><td colspan="3">洗手池堵塞有以下三种原因：
1. 洗手池下水口堵；
2. 洗手池下水管路堵塞；
3. 洗手池下方过滤盒堵塞</td></tr>
<tr><td rowspan="3">处理过程</td><td>下水口疏通</td><td>使用细铁丝疏通下水口，放水确认故障消除</td><td></td></tr>
<tr><td>管路疏通</td><td>1. 打开洗手池下方检查柜门，使用一字螺丝刀松开洗手池管路卡箍后，拔下管路；
2. 使用铁丝将管路内堵塞异物取出后恢复管路</td><td></td></tr>
<tr><td>过滤盒清理</td><td>1. 打开洗手池下方检查柜门，打开过滤盒盖搭扣；
2. 取出过滤盒内圆柱形过滤网，将过滤网内杂物清出，并用清水冲洗，确保网眼无堵塞，无杂物残留；
3. 清理出过滤盒内部沉积的淤泥等杂物，并用清水清洗内壁；
4. 安装好过滤网，关闭过滤盒，关闭检查门</td><td></td></tr>
<tr><td>故障确认</td><td colspan="3">处理完毕，确认洗手池排水畅通</td></tr>
</table>

<table>
<tr><td>故障名称</td><td colspan="3">3.12　盥洗台供、排水管路漏水</td></tr>
<tr><td>适用车型</td><td colspan="3">CRH2A 统型动车组、CRH380A 统型动车组、CRH380A 非统型动车组</td></tr>
<tr><td>工具及材料</td><td colspan="3">工具：一字螺丝刀、活动扳手、老虎钳。
材料：密封圈，密封垫</td></tr>
<tr><td>故障现象</td><td colspan="3">1. 水龙头及其上水管路存在漏水现象；
2. 洗手池排水管路存在漏水现象</td></tr>
<tr><td>原因及判断</td><td colspan="3">1. 水龙头漏水为水龙头密封失效造成，需更换水龙头。上水管路漏水可能为管路活节松动或管路密封圈失效，需紧固活节或更换密封圈。
2. 洗手池排水管路漏水可判断为排水管路接头卡箍松动或过滤盒密封垫失效，需紧固卡箍或更换过滤盒密封垫</td></tr>
<tr><td rowspan="3">处理过程</td><td>水龙头更换</td><td>1. 将温水箱上水阀旋至垂直位；
2. 使用活动扳手拆下水龙头与水管连接的活节；
3. 使用老虎钳拆下水龙头固定螺母，取下垫片，卸下水龙头更换；
4. 更换完毕，恢复水阀，确认状态良好，无漏水现象</td><td>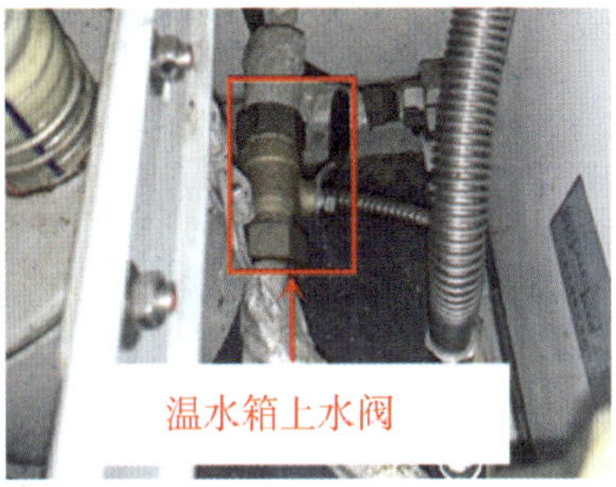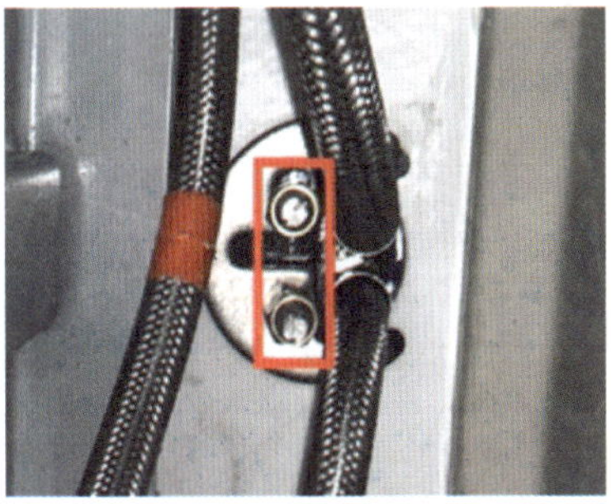</td></tr>
<tr><td>密封圈更换</td><td>1. 使用活动扳手紧固水龙头下方上水管路活节，若紧固后仍漏水，可确定管路密封圈失效，需更换密封圈；
2. 使用活动扳手松开水龙头下方上水管路活节，更换密封圈；
3. 更换完毕后恢复管路活节，确认无漏水现象</td><td>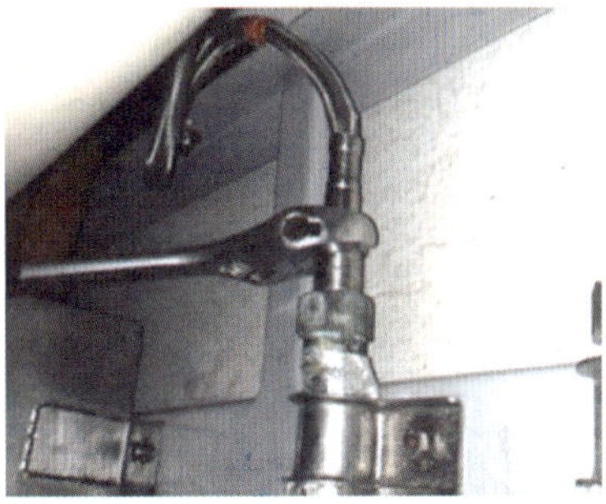</td></tr>
<tr><td>卡箍紧固及密封垫更换</td><td>1. 使用一字螺丝刀紧固排水软管接口处金属卡箍</td><td>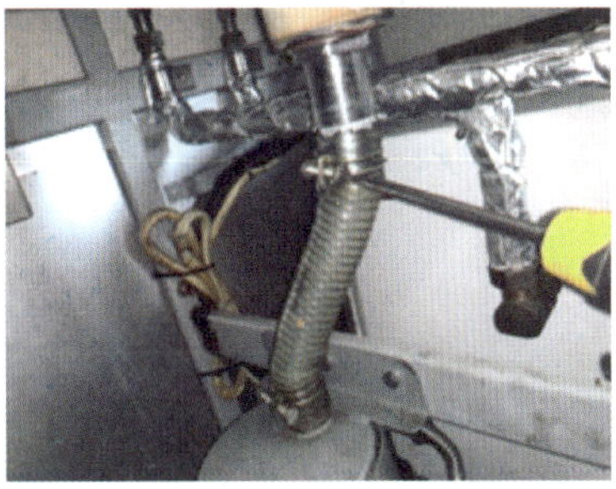</td></tr>
</table>

处理过程	卡箍紧固及密封垫更换	2. 打开过滤盒盖搭扣，将过滤网盒盖密封垫取出，更换新品； 3. 更换完毕，确认无漏水现象	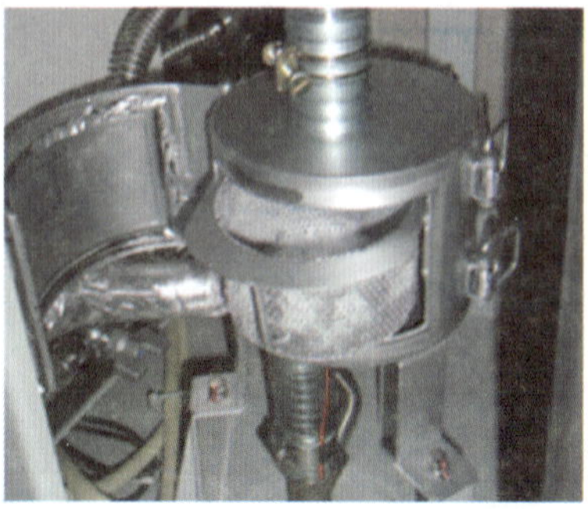
故障确认	处理完毕，确认供、排水管路无漏水		

<table>
<tr><td>故障名称</td><td colspan="3">3.13 皂液器不出液</td></tr>
<tr><td>适用车型</td><td colspan="3">CRH2A 统型动车组、CRH380A 统型动车组、CRH380A 非统型动车组</td></tr>
<tr><td>工具及材料</td><td colspan="3">工具:尖嘴钳、3 mm 内六角扳手</td></tr>
<tr><td>故障现象</td><td colspan="3">按压皂液器,皂液器不出皂液</td></tr>
<tr><td>原因及判断</td><td colspan="3">先检查皂液观察镜看有无皂液,若无皂液则通过皂液注入口添加皂液,按压皂液器,确认故障是否消除,若故障未消除,检查皂液头是否松动,若松动,则紧固</td></tr>
<tr><td>处理过程</td><td>皂液头紧固</td><td>1. 使用 3 mm 内六角扳手拆下皂液头,用尖嘴钳旋下底部铜质堵头,露出内部六角螺母;
2. 使用尖嘴钳夹住螺母并旋紧,使皂液器阀芯与皂液头配合紧密;
3. 重新旋紧底部铜质堵,恢复皂液头</td><td>
</td></tr>
<tr><td>故障确认</td><td colspan="3">处理完毕,按压皂液器确认出皂液正常</td></tr>
</table>

<table>
<tr><td>故障名称</td><td colspan="3">3.14 CRH380A非统型动车组电茶炉积水盘堵</td></tr>
<tr><td>适用车型</td><td colspan="3">CRH380A非统型动车组</td></tr>
<tr><td>工具及材料</td><td colspan="3">工具:风管、10 mm内六角扳手。
材料:白布</td></tr>
<tr><td>故障现象</td><td colspan="3">电茶炉积水盘存有积水</td></tr>
<tr><td>原因及判断</td><td colspan="3">电茶炉积水盘存有积水,检查积水盘下水口滤网是否堵塞,若堵塞,则清理;若清理后故障未消除,则确定为水封堵塞,需清理水封(01、08车电茶炉积水盘下水口无滤网且不与水封直接相连,需在车上用风管吹积水盘下水口处疏通)</td></tr>
<tr><td rowspan="2">处理过程</td><td>滤网清理</td><td>1. 使用白布清除电茶炉积水盘积水,取出积水盘滤网;
2. 将滤网内杂物清出,并用清水冲洗,确保网眼无堵塞,无杂物残留;
3. 清理完毕后装好滤网,确认故障消除</td><td> 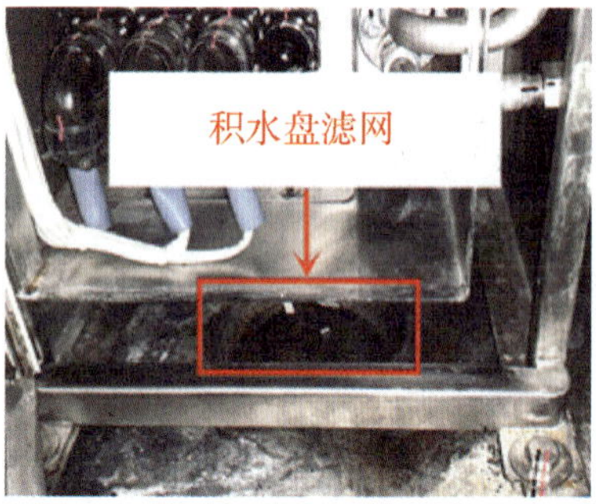</td></tr>
<tr><td>下水管路疏通</td><td>1. 使用10 mm内六角扳手拆下车下水封排水堵;
2. 拆下排水堵后用风管对准水封排水堵处吹风疏通(01车、08车积水盘出水口未与水封直接相连,需使用风管从车上对积水盘出水口进行吹风疏通);
3. 疏通完毕,确认故障消除</td><td> 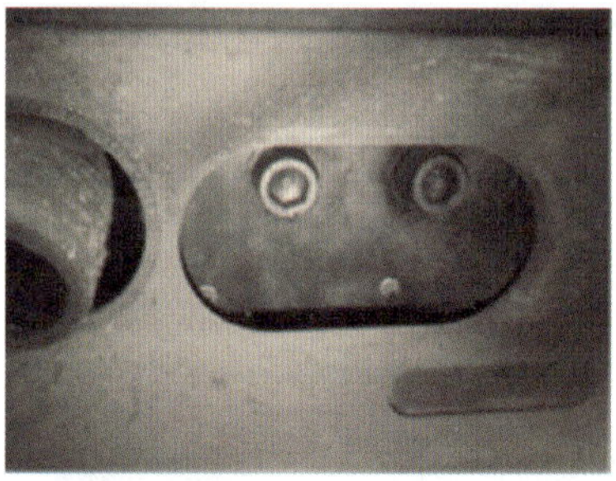 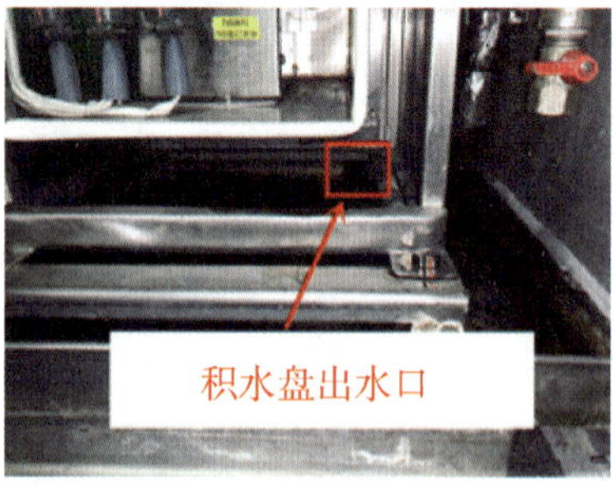</td></tr>
<tr><td>故障确认</td><td colspan="3">处理完毕,确认电茶炉积水盘排水畅通</td></tr>
</table>

第 4 章　旅客信息系统

<table>
<tr><td>故障名称</td><td colspan="3">4.1　停靠站名与车次信息不符</td></tr>
<tr><td>适用车型</td><td colspan="3">CRH2A 统型动车组、CRH380A 统型动车组、CRH380A 非统型动车组</td></tr>
<tr><td>工具及材料</td><td colspan="3">工具：IC 卡</td></tr>
<tr><td>故障现象</td><td colspan="3">1. MON 屏出库信息页面显示【无监控器停靠站数据“736”】；
2. 输入出库车次，停靠站名与车次信息不符</td></tr>
<tr><td>原因及判断</td><td colspan="3">设定车次后，与车次信息进行核对，若有误，刷 IC 卡（IC 卡包含“停靠站”与“公里数”两张）</td></tr>
<tr><td>处理过程</td><td>刷IC卡</td><td>1. 打开司机室总配电柜，在主控激活的条件下启用【检修】模式，插上 IC 卡（注意 IC 卡箭头指示朝向）。
2. 刷停靠站：
插上“停靠站”IC 卡后，在 IC 卡菜单界面点击【IC 卡读取】，MON 屏会显示广告文、停车站、公里读取界面，点击【停车站】再点击【读取】键。待数据读取完毕，拔出 IC 卡。
刷公里数：
插上“公里数”IC 卡后，在 IC 卡菜单界面点击【IC 卡读取】，MON 屏会显示广告文、停车站、公里读取界面，点击【公里数】再点击【读取】键。待数据读取完毕，拔出 IC 卡</td><td>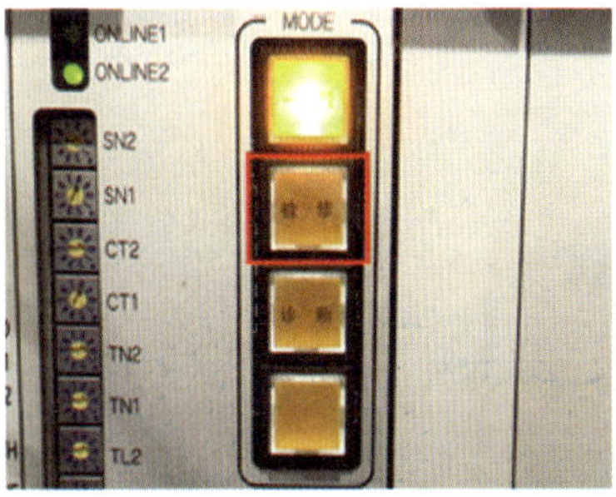

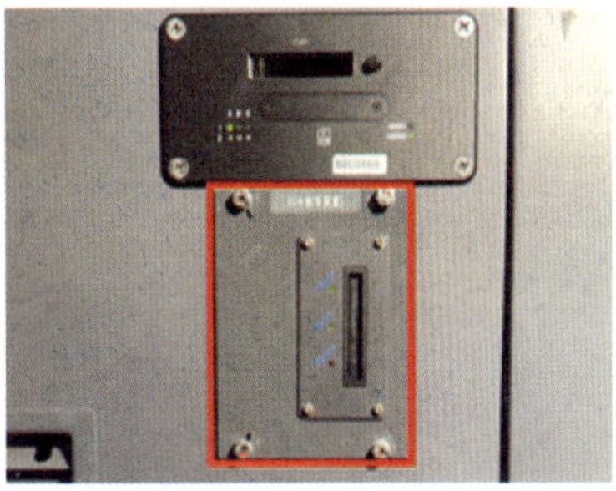
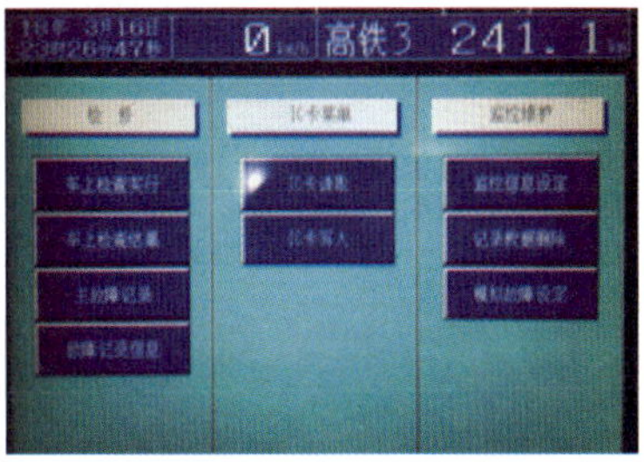
</td></tr>
</table>

处理过程	刷IC卡	3. 恢复【一般】模式并锁闭柜门。 4. 设定出库车次,在列车员模式菜单界面按压【车次核对】进行站名确认	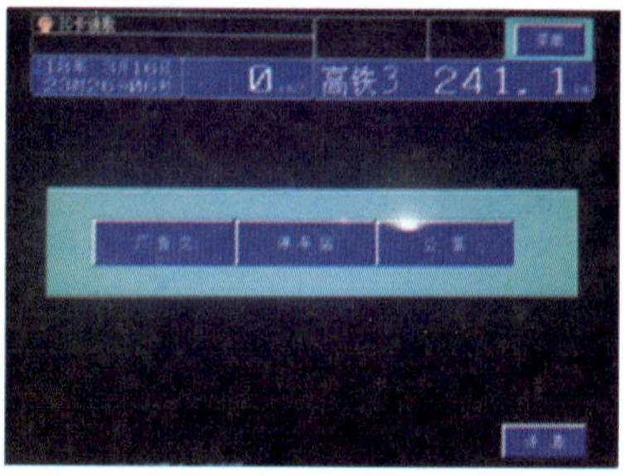
故障确认	IC卡读取完毕后进行车次核对,确认停靠站名与车次信息相符		

<table>
<tr><td>故障名称</td><td colspan="3">4.2　车内广播无声音</td></tr>
<tr><td>适用车型</td><td colspan="3">CRH2A 统型动车组、CRH380A 统型动车组、CRH380A 非统型动车组</td></tr>
<tr><td>工具及材料</td><td colspan="3">工具：十字螺丝刀、8 mm 棘轮扳手、一字螺丝刀。
材料：信息显示控制器（PAC）、功放模块、输出放大器（PAMP）、AAD 主机、扬声器</td></tr>
<tr><td>故障现象</td><td colspan="3">1. 全车广播无声音；
2. 单车广播无声音；
3. 单车某扬声器无声音</td></tr>
<tr><td>原因及判断</td><td colspan="3">1. 当全车广播无声音时，在乘务员室内查看 AAD 主机【状态信息】页面“全取消”选项是否报红。
（1）当【状态信息】页面“全取消”选项报红时，查看相应车厢控制放大器话筒是否挂好（CRH2A、CRH380A 统型动车组 01 车、05 车、00 车设有控制放大器，CRH380A 非统型动车组全车厢均设有控制放大器）；
（2）若【状态信息】页面“全取消”选项未报红，在 AAD 主机音量调节页面调节广播音量，调节后进行报站确认，若调节后故障未消除，可确认为 AAD 主机损坏，需更换 AAD 主机；
2. 当单车厢广播无声音时，先确认 AAD 主机【状态信息】页面是否显示故障：
（1）若报出故障，可判断为信息显示控制器（PAC）故障（02 车、03 车、04 车、06 车、07 车设置了信息显示控制器），需更换；
（2）若未报出故障，检查输出放大器及功放模块是否存在故障：
输出放大器判断方法：断开故障车厢【影视控制】空开，确认广播播放有无声音，若无声音，则可确定为输出放大器故障，需更换；
功放模块判断方法：断开故障车厢【广播 2】空开，确认影视播放有无声音，若无声音，则可确定为功放模块存在故障，需调节功放音量，若调节无效，则更换功放模块。
3. 当单车厢某扬声器无声音，需更换故障扬声器（CRH2A 统型动车组客室扬声器在车厢行李架上方逆变器顶板内，CRH380A 统型、CRH380A 非统型]动车组客室扬声器在客室墙板内）</td></tr>
<tr><td>处理过程</td><td>广播音量调节</td><td>1. 点击 AAD 主机显示屏【音量调节】按键，进入音量调节界面，调节广播音量；
2. 调节音量后进行报站确认</td><td>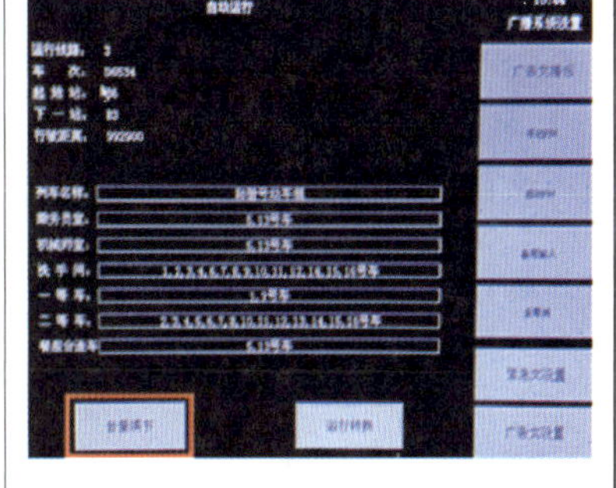</td></tr>
</table>

处理过程	信息显示控制器更换(PAC)	1. 打开故障对应车厢组合配电柜,断开【广播 1】、【广播 2】空开; 2. 打开故障对应车厢集成配电柜,使用 8 mm 棘轮扳手拆下信息显示控制器(PAC)固定螺栓,拔下插头,取出故障信息显示控制器(PAC),更换新品; 3. 更换完毕,恢复【广播 1】、【广播 2】空开,确认广播播放正常	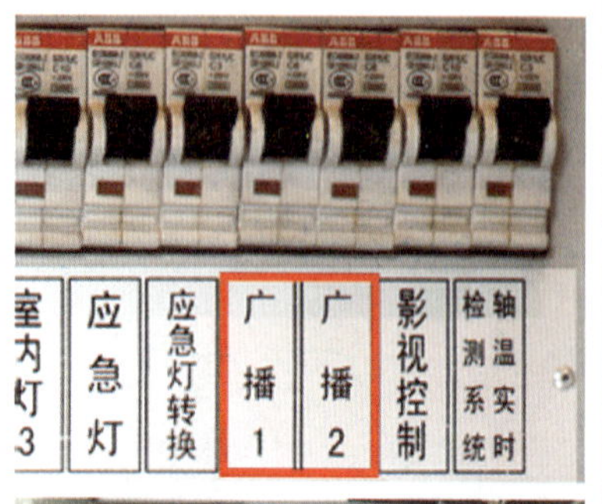 
	输出放大器更换(PAMP)	1. 打开故障对应车厢组合配电柜,断开【广播 1】、【广播 2】空开; 2. 打开集成配电柜,拔下输出放大器(PAMP)插头,使用十字螺丝刀拆下其固定螺丝,取出故障输出放大器(PAMP),更换新品; 3. 更换完毕,恢复【广播 1】、【广播 2】空开,确认广播播放正常	
	功放调节及更换	1. 打开故障对应车厢集成配电柜,通过功放模块上的音量调节按钮调节音量大小; 2. 若调节无效,则更换功放模块: (1)打开故障对应车厢组合配电柜,断开【影视控制】空开; (2)使用十字螺丝刀拆下功放模块面板上的接插件固定螺丝并拔下接插件。用十字螺丝刀拆下功放模块的固定螺丝,取出故障功放模块,更换新品; (3)更换完毕,恢复【影视控制】空开,确认广播播放正常	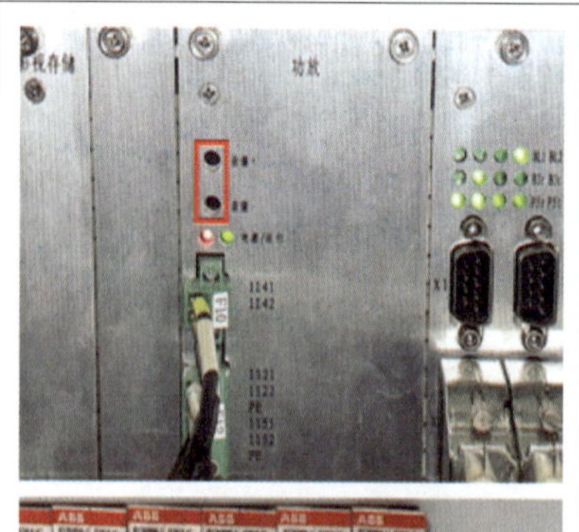 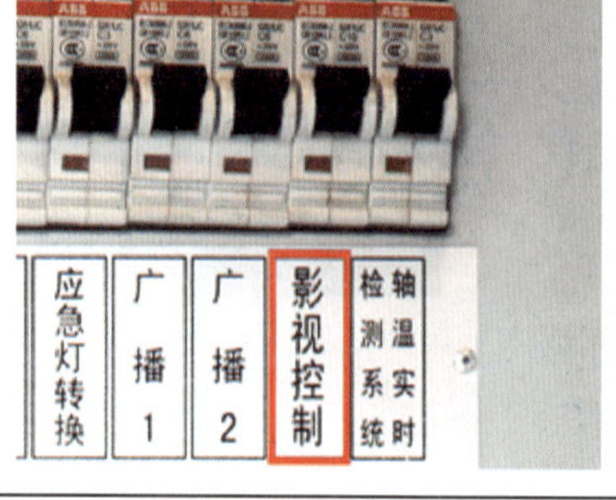

处理过程	扬声器更换	1. 打开故障对应车厢组合配电柜，断开【广播 1】、【广播 2】空开； 2. 使用一字螺丝刀拆下故障扬声器对应逆变器顶版的固定螺丝，取下顶版（CRH380A 统型、非统型动车组需使用十字螺丝刀拆下对应客室墙板）； 3. 使用十字螺丝刀拆下扬声器面板，用一字螺丝刀取下扬声器接线，取下故障扬声器，更换新品； 4. 更换完毕，恢复【广播 1】、【广播 2】空开，确认故障消除后恢复盖板	 
	AAD 主机更换	1. 打开 05 车组合配电柜，断开【自动广播】空开； 2. 打开乘务室 AAD 主机柜门，取出 CF 卡，使用十字螺丝刀拆下 AAD 主机固定螺丝，拔掉主机插头，取出故障 AAD 主机，更换新品； 3. 更换完毕，插入 CF 卡到 AAD 主机卡槽内； 4. 恢复【自动广播】空开，确认故障消除	
故障确认	处理完毕，确认车厢广播播放正常		

<table>
<tr><td>故障名称</td><td colspan="3">4.3　广播播放音量小</td></tr>
<tr><td>适用车型</td><td colspan="3">CRH2A 统型动车组、CRH380A 统型动车组、CRH380A 非统型动车组</td></tr>
<tr><td>工具及材料</td><td colspan="3">工具:十字螺丝刀。
材料:功放模块</td></tr>
<tr><td>故障现象</td><td colspan="3">1. 全车客室广播播放音量小;
2. 单车厢广播播放音量小</td></tr>
<tr><td>原因及判断</td><td colspan="3">1. 全车广播播放音量小,在 AAD 主机【音量调节】页面调节广播音量,调节后进行报站确认;
2. 单车厢广播播放音量小,可判断功放模块存在问题,需调节功放音量大小处理,若调节无效,则更换功放模块</td></tr>
<tr><td rowspan="2">处理过程</td><td>广播音量调节</td><td>1. 点击 AAD 主机显示屏【音量调节】按键,进入音量调节界面,调节广播音量;
2. 调节音量后进行报站确认</td><td></td></tr>
<tr><td>功放调节及更换</td><td>1. 打开故障对应车厢集成配电柜,通过功放模块上的音量调节按钮调节音量大小;
2. 若调节无效,则更换功放模块:
(1)打开故障对应车厢组合配电柜,断开【影视控制】空开;
(2)使用十字螺丝刀拆下功放模块面板上的接插件固定螺丝并拔下接插件,用十字螺丝刀拆下功放模块的固定螺丝,取出故障功放模块,更换新品;
(3)更换完毕,恢复【影视控制】空开,确认广播播放正常</td><td></td></tr>
<tr><td>故障确认</td><td colspan="3">处理完毕,确认车厢广播播放音量正常</td></tr>
</table>

<table>
<tr><td>故障名称</td><td colspan="3">4.4　内显不显示或显示有误</td></tr>
<tr><td>适用车型</td><td colspan="3">CRH2A 统型动车组、CRH380A 统型动车组、CRH380A 非统型动车组</td></tr>
<tr><td>工具及材料</td><td colspan="3">工具：刷卡工具箱、一字螺丝刀、十字螺丝刀。
材料：乘客信息显示器</td></tr>
<tr><td>故障现象</td><td colspan="3">1. 全车乘客信息显示器不显示或错误显示；
2. 单车乘客信息显示器不显示或错误显示；
3. 单车内显车号显示器显示与当前车厢不符</td></tr>
<tr><td>原因及判断</td><td colspan="3">1. 全车乘客信息显示器不显示或错误显示，先设定出库车次并进行核对，若车次信息有误，则刷 IC 卡处理，确认乘客信息显示器显示后，检查各车厢两端乘客信息显示器显示是否存在错误或不同步现象，若异常，则刷内显；
2. 若单车乘客信息显示器不显示或显示错误，则在故障车终端配电柜中连接自动广播主机线进行刷内显处理，若故障仍未消除，可确认为乘客信息显示器损坏，需更换处理；
3. 单车内显车号显示器显示与当前车厢不符，则对内显车号显示器进行拨码处理</td></tr>
<tr><td rowspan="2">处理过程</td><td>刷内显</td><td>1. 打开 AAD 主机柜门，将刷卡工具箱内电脑与 AAD 主机接口相连，在电脑里找到相关 CF 卡数据文件，核对本车是否为广告车，打开“EIDVI4 用户版”软件；
2. 点击“打开串口”，选择项目“新一代长城编组”，再点击“关闭网络通信”；
3. 待 AAD 主机显示屏状态信息页面 LED 全部报红后，断开【自动广播】空开，点击“全自动下载”。若刷中文站名则点击“中文站名全自动下载”；若刷英文站名则点击“英文站名全自动下载”，下载过程中切勿中断，刷完后点中英文站名显示，确认显示内容无误；
4. 刷广告文点击“单条目全列下载”。刷完广告文后点击“单条目全列显示”，到车厢确认内显屏显示内容无误；
5. 中英文站名和广告文刷完后，恢复【自动广播】空开，并设定出库车次，确认故障车厢中英文站名及广告文显示正确</td><td>
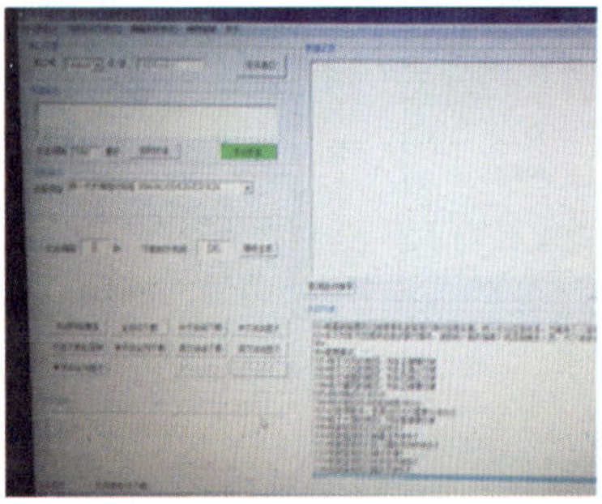</td></tr>
<tr><td>拨码开关调校</td><td>1. 打开故障对应车厢组合配电柜，断开【车号显示器(车厢)】、【车内显示器】空开；
2. 使用一字螺丝刀拆下内显检修盖板，用十字螺丝刀拆下车号显示器固定螺丝，拔下车号显示器接插件，取下车号显示器</td><td>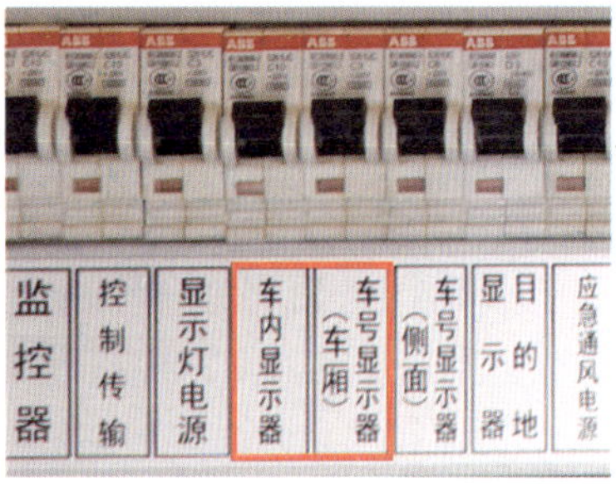
</td></tr>
</table>

续上表

处理过程	拨码开关调校	3. 使用十字螺丝刀拆下车号显示器外罩，用一字螺丝刀对车号显示器拨码开关进行调校(CRH380A 非统型动车组拆下检修盖板后可直接用一字螺丝刀调校拨码开关，无须拆车号显示器)； 4. 调校完毕，插上车号显示器接插件，恢复【车号显示器(车厢)】、【车内显示器】空开，确认显示器显示车号与当前车厢车号一致后，断开【车号显示器(车厢)】、【车内显示器】空开，拔下车号显示器接插件，恢复车号显示器外罩； 5. 将车号显示器安装好，插上接插件，恢复检修盖板及【车号显示器(车厢)】、【车内显示器】空开	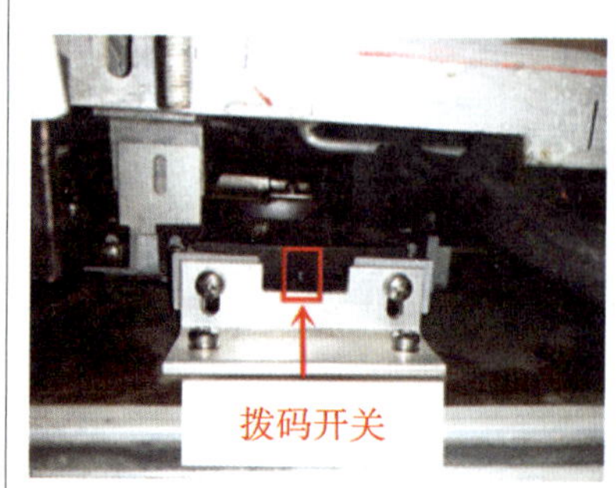
	乘客信息显示器更换	1. 打开故障对应车厢组合配电柜，断开【车号显示器】(车厢)和【车内显示器】空开； 2. 使用一字螺丝刀拆下内显检修盖板，拔下乘客信息显示器接插件； 3. 使用十字螺丝刀拆下乘客信息显示器固定螺丝，取出故障乘客信息显示器，更换新品； 4. 更换完毕，恢复【车号显示器】(车厢)和【车内显示器】空开，重新刷内显，确认故障消除后，恢复检修盖板	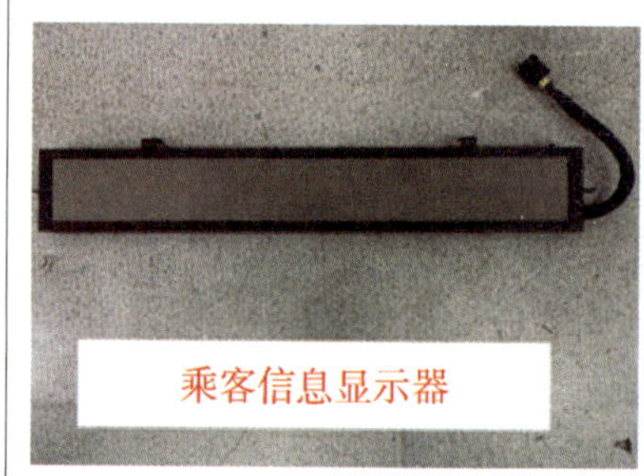
	刷 IC 卡	1. 打开司机室总配电柜，在主控激活的条件下启用【检修】模式，插上 IC 卡(注意 IC 卡箭头指示朝向)。 刷停靠站： 插上“停靠站”IC 卡后，在 IC 卡菜单界面点击【IC 卡读取】，MON 屏会显示广告文、停车站、公里读取界面，点击【停车站】再点击【读取】键。待数据读取完毕，拔出 IC 卡。 刷公里数： 插上“公里数”IC 卡后，在 IC 卡菜单界面点击【IC 卡读取】，MON 屏会显示广告文、停车站、公里读取界面，点击【公里数】再点击【读取】键。待数据读取完毕，拔出 IC	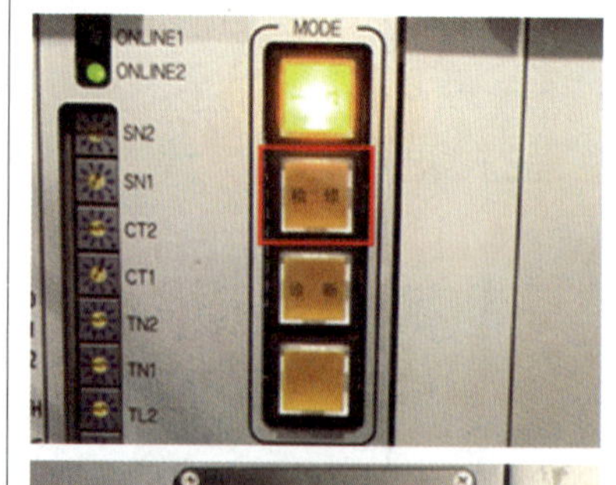 

续上表

处理过程	刷IC卡	2. 恢复【一般】模式并锁闭柜门。 3. 设定出库车次，在列车员模式菜单界面按压【车次核对】进行站名确认	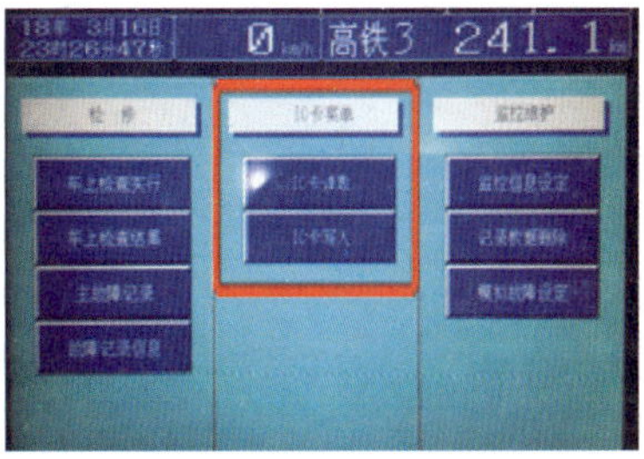
故障确认	处理完毕，确认内显显示正常		

<table>
<tr><td>故障名称</td><td colspan="2">4.5　外显显示异常</td></tr>
<tr><td>适用车型</td><td colspan="2">CRH2A 统型动车组、CRH380A 统型动车组、CRH380A 非统型动车组</td></tr>
<tr><td>工具及材料</td><td colspan="2">工具：十字螺丝刀、一字螺丝刀、IC 卡、10 mm 棘轮扳手、斜口钳。
材料：车号显示器、目的地显示器、扎带</td></tr>
<tr><td>故障现象</td><td colspan="2">1. 车号、目的地显示器不显示或显示画面异常；
2. 目的地显示器显示当前站与实际不符；
3. 车号显示器显示车厢号与实际不符</td></tr>
<tr><td>原因及判断</td><td colspan="2">1. 车号、目的地显示器不显示或显示画面异常，需检查故障显示器接插件是否松动，若接插件紧固状态良好，则确定为显示器故障，需更换显示器；
2. 目的地显示器显示当前站与实际不符时需刷 IC 卡处理；
3. 车号显示器显示车厢号与实际不符，可对显示器拨码开关进行调校</td></tr>
<tr><td rowspan="2">处理过程</td><td>接插件紧固</td><td>1. 打开故障对应车厢组合配电柜，断开【车号显示器(侧面)】和【目的地显示器】空开；
2. 使用十字螺丝刀拆下故障显示器对应顶板螺丝，取下顶板；
3. 使用斜口钳剪断显示器接插件固定扎带，对其重新拔插；
4. 拔插完毕，恢复【车号显示器(侧面)】和【目的地显示器】空开，确认故障消除后，用扎带绑扎好接插件并恢复顶板</td></tr>
<tr><td>车号显示器更换</td><td>1. 打开故障对应车厢组合配电柜，断开【车号显示器(侧面)】空开；
2. 使用十字螺丝刀拆下故障显示器对应顶板螺丝(CRH380A 统型动车组需拆下故障显示器对应墙板)，取下顶板后，用斜口钳剪断显示器接插件固定扎带，拔下接插件，用 10 mm 棘轮扳手拆下显示器固定螺栓，取下故障车号显示器；
3. 使用十字螺丝刀拆下新品外罩，用一字螺丝刀对显示器拨码开关进行调校，调校完成后，插上接插件，闭合【车号显示器(侧面)】空开，确认显示器显示车号与当前车厢号一致后，断开【车号显示器(侧面)】空开，拔下车号显示器接插件，恢复新品外罩；
4. 将新品安装好，插上接插件并重新绑扎固定扎带，恢复检修盖板及【车号显示器(侧面)】空开</td></tr>
</table>

处理过程	目的地显示器更换	1. 打开故障对应车厢组合配电柜，断开【目的地显示器】空开； 2. 使用十字螺丝刀拆下故障显示器对应顶板螺丝，取下顶板，用斜口钳剪断显示器接插件固定扎带，拔下接插件，用 10 mm 棘轮扳手拆下显示器安装座固定螺栓，拆下故障目的地显示器，更换新品（适用于 CRH2A 动车组，CRH380A 统型、CRH380A 非统型动车组需拆下故障显示器对应墙板进行更换）； 3. 更换完毕，恢复【目的地显示器】空开，确认目的地显示器显示正常	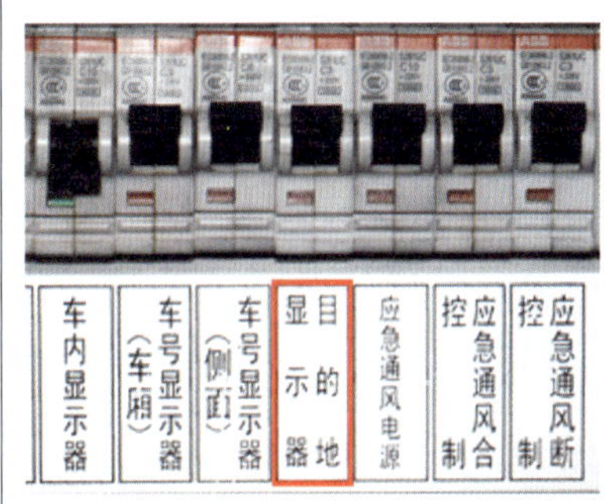 
	刷IC卡	1. 打开司机室总配电柜，在主控激活的条件下启用【检修】模式，插上 IC 卡（注意 IC 卡箭头指示朝向）。 刷停靠站： 插上“停靠站”IC 卡后，在 IC 卡菜单界面点击【IC 卡读取】，MON 屏会显示广告文、停车站、公里读取界面，点击【停车站】再点击【读取】键。待数据读取完毕，拔出 IC 卡。 刷公里数： 插上“公里数”IC 卡后，在 IC 卡菜单界面点击【IC 卡读取】，MON 屏会显示广告文、停车站、公里读取界面，点击【公里数】再点击【读取】键。待数据读取完毕，拔出 IC 卡。 2. 恢复【一般】模式并锁闭柜门。 3. 设定出库车次，在列车员模式菜单界面按压【车次核对】进行站名确认	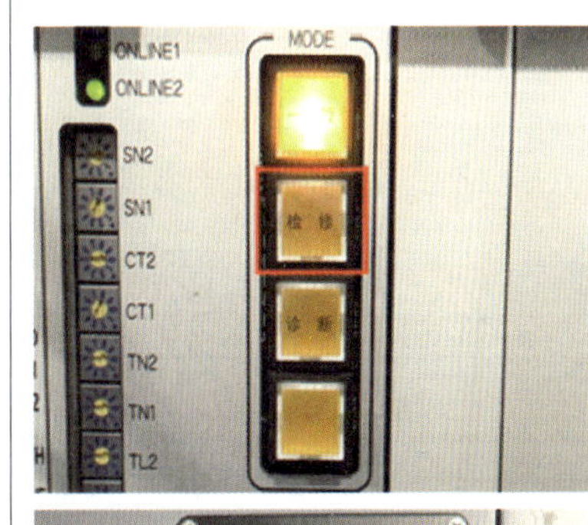 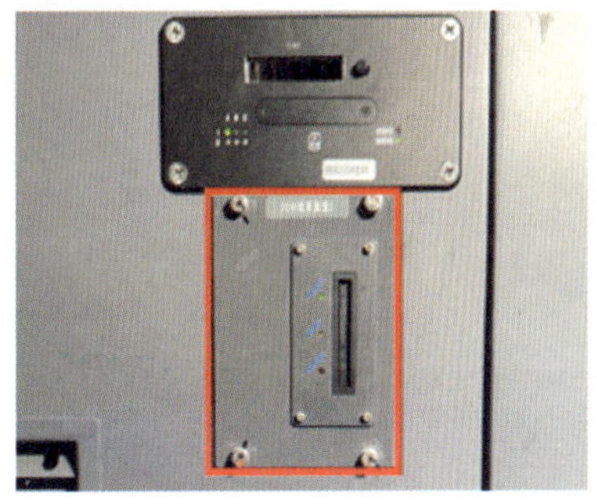
	拨码开关调校	1. 打开故障对应车厢组合配电柜，断开【车号显示器（侧面）】空开； 2. 使用十字螺丝刀拆下车号显示器对应顶板螺丝（CRH380A 统型动车组需拆下显示器对应墙板），取下顶板后，用斜口钳剪断显示器接插件固定扎带，拔下接插件，用 10 mm 棘轮扳手拆下显示器固定螺栓，取下车号显示器	

续上表

<table>
<tr><td rowspan="1">处理过程</td><td>拨码开关调校</td><td>3. 使用十字螺丝刀拆下显示器外罩，用一字螺丝刀对显示器拨码开关进行调校，调校完成后，插上接插件，闭合【车号显示器（侧面）】空开，确认显示器显示车号与当前车厢号一致后，断开【车号显示器（侧面）】空开，拔下车号显示器接插件，恢复外罩；
4. 将车号显示器安装好，插上接插件并重新绑扎固定扎带，恢复检修盖板及【车号显示器（侧面）】空开</td><td>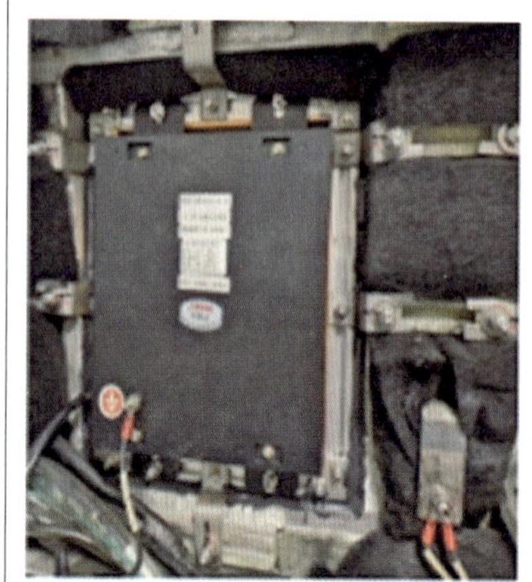</td></tr>
<tr><td>故障确认</td><td colspan="3">处理完毕，确认外显显示正常</td></tr>
</table>

<table>
<tr><td>故障名称</td><td colspan="3">4.6　自动广播未报站或报站错误</td></tr>
<tr><td>适用车型</td><td colspan="3">CRH2A 统型动车组、CRH380A 统型动车组、CRH380A 非统型动车组</td></tr>
<tr><td>工具及材料</td><td colspan="3">工具：IC 卡、十字螺丝刀、8 mm 棘轮扳手。
材料：AAD 主板、信息显示控制器(PAC)、CF 卡</td></tr>
<tr><td>故障现象</td><td colspan="3">1. 自动广播未报站；
2. 自动广播报站与实际到站信息不符</td></tr>
<tr><td>原因及判断</td><td colspan="3">1. 自动广播未报站时，查看 AAD 主机【状态信息】页面“全取消”选项是否报红：
(1)当【状态信息】页面“全取消”选项报红时，查看故障车厢是否有控制放大器，若有，则将控制放大器话筒挂好(CRH2A、CRH380A 统型动车组 01 车、05 车、00 车设有控制放大器，CRH380A 非统型动车组全车厢均设有控制放大器)，若故障车厢无控制放大器，则确定为故障车厢信息显示控制器(PAC)故障，需更换；
(2)若【状态信息】页面“全取消”选项未报红，则通过 AAD 主机【音量调节】页面调节广播音量，调节后进行报站确认；
2. 自动广播报站与实际到站信息不符时，可通过更换 CF 卡后刷 IC 卡进行处理，若处理后故障仍未消除，可确定为 AAD 主机故障，需更换</td></tr>
<tr><td rowspan="2">处理过程</td><td>CF卡更换</td><td>1. 打开 05 车组合配电柜，断开【自动广播】空开；
2. 打开乘务员室 AAD 主机柜门，取出旧 CF 卡后将新 CF 卡对准卡槽插入；
3. 换好 CF 卡后，恢复【自动广播】空开，待 AAD 主机启动后，进行站名播报确认</td><td> 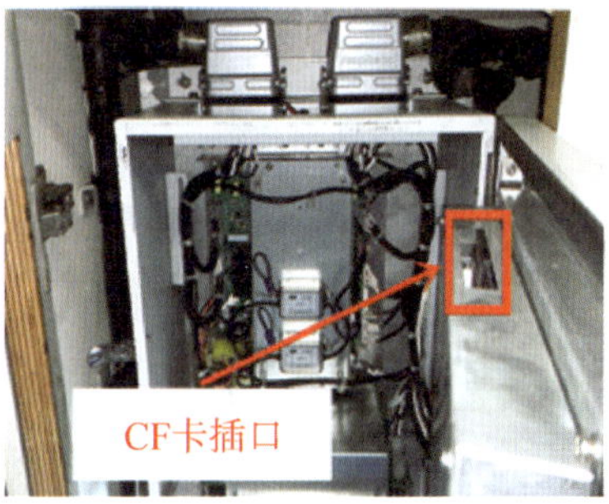</td></tr>
<tr><td>刷IC卡</td><td>1. 打开司机室总配电柜，在主控激活的条件下启用【检修】模式，插上 IC 卡(注意 IC 卡箭头指示朝向)；
刷停靠站：
插上“停靠站”IC 卡后，在 IC 卡菜单界面点击【IC 卡读取】，MON 屏会显示广告文、停车站、公里读取界面，点击【停车站】再点击【读取】键。待数据读取完毕，拔出 IC 卡。
刷公里数：
插上“公里数”IC 卡后，在 IC 卡菜单界面点击【IC 卡读取】，MON 屏会显示广告文、停车站、公里读取界面，点击【公里数】再点击【读取】键。待数据读取完毕，拔出 IC 卡</td><td> 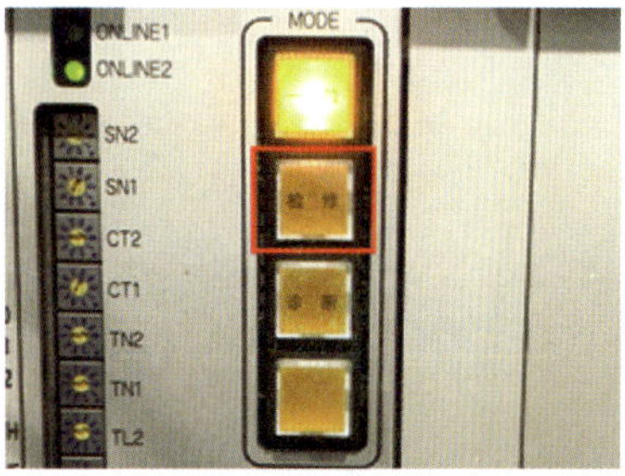 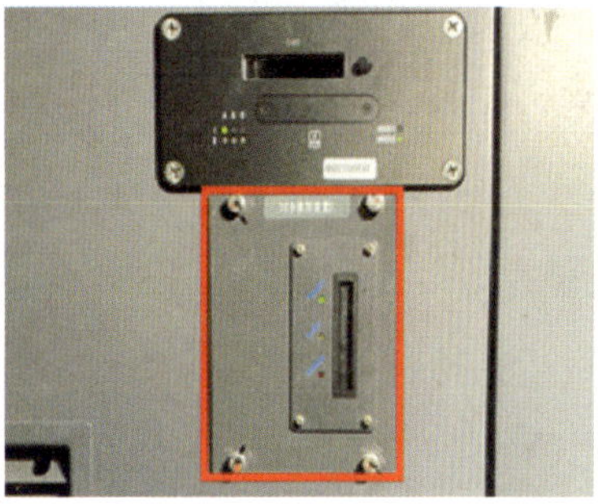</td></tr>
</table>

处理过程	刷IC卡	2. 恢复【一般】模式并锁闭柜门。 3. 设定出库车次，在列车员模式菜单界面按压【车次核对】进行站名确认	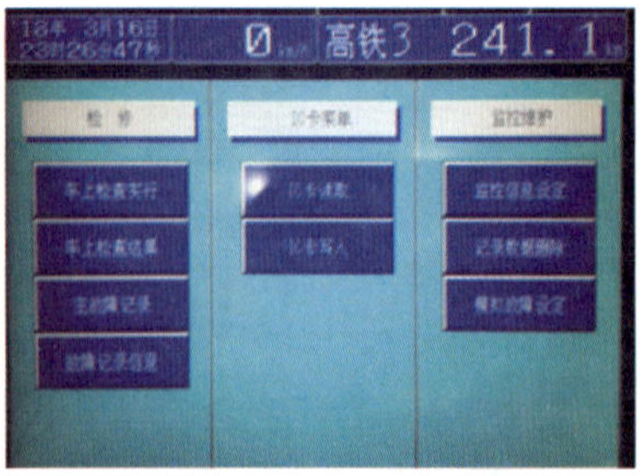
	AAD主机更换	1. 打开05车组合配电柜，断开【自动广播】空开； 2. 打开乘务室AAD主机柜门，取出CF卡，使用十字螺丝刀拆下AAD主机固定螺丝，拔掉主机插头，取出故障AAD主机，更换新品； 3. 更换完毕，插入CF卡到AAD主机卡槽内； 4. 恢复【自动广播】空开，确认故障消除	
	信息显示控制器更换(PAC)	1. 打开故障对应车厢组合配电柜，断开【广播1】、【广播2】空开； 2. 打开故障对应车厢集成配电柜，使用8 mm棘轮扳手拆下信息显示控制器(PAC)固定螺栓，拔下插头，取出故障信息显示控制器(PAC)，更换新品； 3. 更换完毕，恢复【广播1】、【广播2】空开，进行站名播报确认	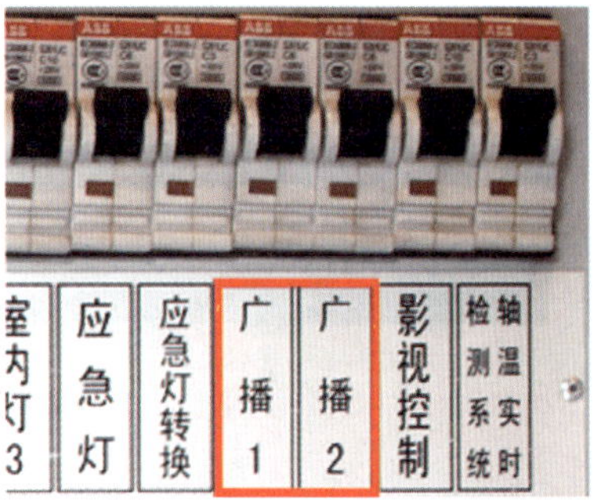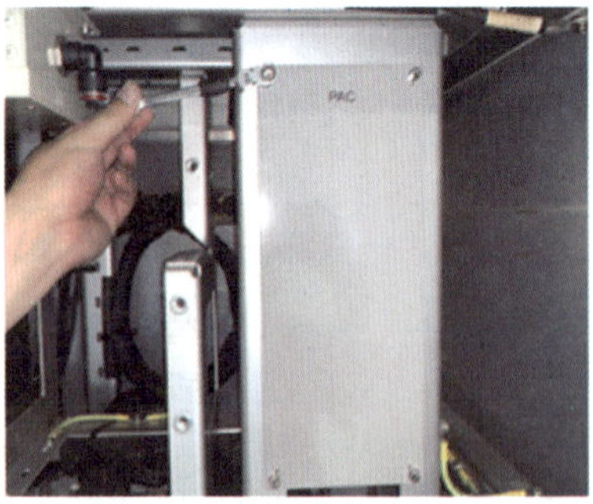
故障确认	处理完毕，确认自动广播报站正常		

<table>
<tr><td>故障名称</td><td colspan="3">4.7　卫生间无人显示灯显示异常</td></tr>
<tr><td>适用车型</td><td colspan="3">CRH2A 统型动车组、CRH380A 统型动车组、CRH380A 非统型动车组</td></tr>
<tr><td>工具及材料</td><td colspan="3">工具：5 mm 内六角扳手、十字螺丝刀、一字螺丝刀、19 mm 叉口扳手、老虎钳。
材料：限位开关、锁托、润滑油、门锁机构、绝缘胶带</td></tr>
<tr><td>故障现象</td><td colspan="3">1. 卫生间门锁闭时，无人指示灯红灯不亮；
2. 卫生间门未锁闭时，无人指示灯红灯亮</td></tr>
<tr><td>原因及判断</td><td colspan="3">1. 卫生间门锁闭，无人指示灯红灯不亮，可判断为门锁锁销与锁托内限位开关接触不良导致，须调整锁托位置或更换门锁机构，若处理后故障仍未消除，则确定为限位开关故障，需更换；
2. 卫生间门未锁闭，无人指示灯红灯亮，可确定为限位开关卡滞，需润滑限位开关</td></tr>
<tr><td rowspan="3">处理过程</td><td>门锁机构更换</td><td>1. 使用一字螺丝刀拆下卫生间门检查盖板；
2. 使用 19 mm 叉口扳手卡住滑轮安装座螺栓的同时，使用 6 mm 内六角扳手拆下左右滑车的承载轮和防跳轮，取下卫生间门板；
3. 使用 5 mm 内六角扳手拆下门锁机构固定螺丝，用十字螺丝刀拆下门把手；
4. 取出门锁机构进行更换；
5. 重新安装卫生间门；
6. 进行锁闭实验，确认故障消失后，恢复检查盖板</td><td> 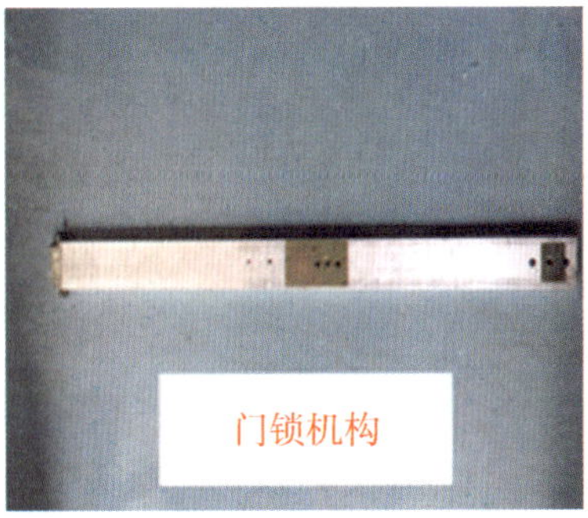门锁机构</td></tr>
<tr><td>锁托位置调整</td><td>1. 使用一字螺丝刀拆下卫生间门检查盖板；
2. 使用老虎钳固定锁托上方安装螺帽的同时，用十字螺丝刀将锁托固定螺丝松开至可调节位置；
3. 将锁托位置调节至锁销可自由进出锁孔即可；
4. 将锁托重新紧固，并进行锁闭实验，确认故障消除后，恢复检查盖板</td><td> </td></tr>
<tr><td>限位开关润滑</td><td>1. 使用一字螺丝刀拆下卫生间门检查盖板；
2. 使用十字螺丝刀上下动作限位开关的同时喷润滑油润滑；
3. 润滑完毕，进行锁闭试验，确认故障消除后，恢复检查盖板</td><td> </td></tr>
</table>

<table>
<tr><td rowspan="1">处理过程</td><td>限位开关更换</td><td>1. 使用一字螺丝刀拆下卫生间门检查盖板；
2. 使用老虎钳固定锁托上方安装螺帽的同时，用十字螺丝刀将锁托固定螺丝拆下，将限位开关线剪断，取下旧锁托，将新锁托固定好后，对准线号接好限位开关线，接完线后用绝缘胶带绑扎接头；
3. 更换完毕，进行锁闭试验，确认显示正常后，恢复检查盖板</td><td></td></tr>
<tr><td>故障确认</td><td colspan="3">处理完毕，确认显示灯显示正常</td></tr>
</table>

<table>
<tr><td>故障名称</td><td colspan="3">4.8　重联编组广播故障</td></tr>
<tr><td>适用车型</td><td colspan="3">CRH2A 统型动车组、CRH380A 统型动车组、CRH380A 非统型动车组</td></tr>
<tr><td>工具及材料</td><td colspan="3">工具：十字螺丝刀。
材料：网络路由器</td></tr>
<tr><td>故障现象</td><td colspan="3">重联车前编组有广播，后编组无广播</td></tr>
<tr><td>原因及判断</td><td colspan="3">重联车前编组有广播，后编组无广播时，可通过前编组的任意一个控制放大器联络后编组控制放大器，若无法联络，则判断 08 车或 09 车网络路由器存在故障，需逐一更换新网络路由器进行排查</td></tr>
<tr><td>处理过程</td><td>网络路由器更换</td><td>1. 打开司机室驾驶台左下方检查柜门，使用十字螺丝刀拆下路由器固定螺丝；
2. 使用十字螺丝刀拆下路由器地线，拔掉插头，取下故障路由器，更换新品；
3. 更换完毕，确认故障消除后恢复检查柜门</td><td>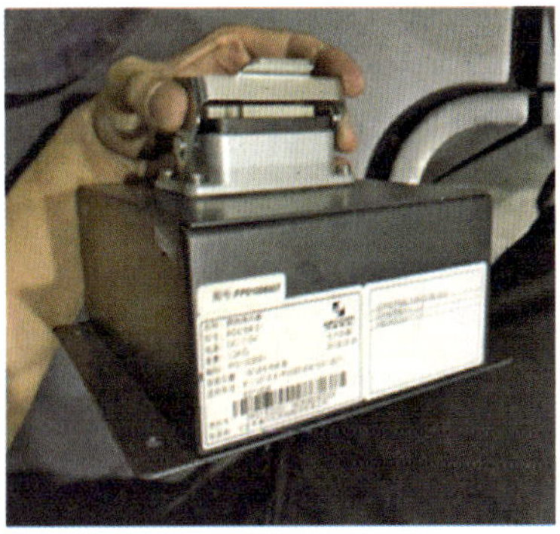</td></tr>
<tr><td>故障确认</td><td colspan="3">处理完毕，确认广播播放正常</td></tr>
</table>

<table>
<tr><td>故障名称</td><td colspan="3">4.9 车门开闭时无提示声</td></tr>
<tr><td>适用车型</td><td colspan="3">CRH2A 统型动车组、CRH380A 统型动车组、CRH380A 非统型动车组</td></tr>
<tr><td>工具及材料</td><td colspan="3">工具：十字螺丝刀。
材料：车门音声控制器</td></tr>
<tr><td>故障现象</td><td colspan="3">集控开、关门时，无开、关门提示声</td></tr>
<tr><td>原因及判断</td><td colspan="3">集控开、关门时，无开、关门提示声，可判断为车门音声控制器接插件接触不良，需重新紧固车门音声控制器接插件，若紧固后故障未消除，则确定为车门音声控制器坏，需更换</td></tr>
<tr><td rowspan="2">处理过程</td><td>接插件紧固</td><td>1. 打开故障对应车厢组合配电柜，断开【车门开闭音响装置】空开；
2. 重新拔插车门音声控制器接插件；
3. 恢复【车门开闭音响装置】空开后，进行开关门实验，确认故障消除</td><td> 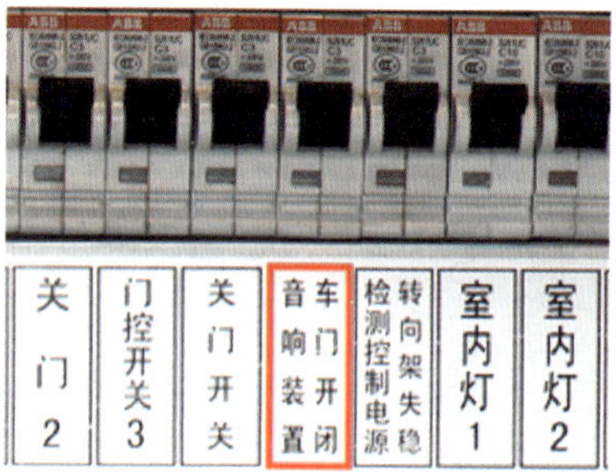</td></tr>
<tr><td>车门音声控制器更换</td><td>1. 打开故障对应车厢组合配电柜，断开【车门开闭音响装置】空开；
2. 拔下车门音声控制器接插件，使用十字螺丝刀拆下车门音声控制器固定螺丝及地线，取出故障音声控制器，更换新品；
3. 更换完毕，恢复【车门开闭音响装置】空开后，进行开关门实验，确认故障消除</td><td> 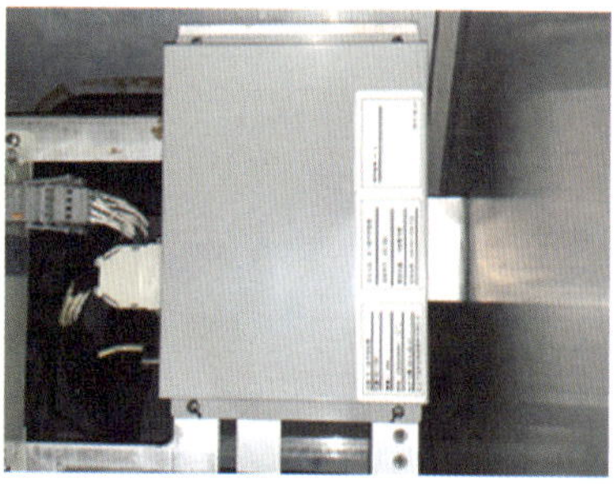</td></tr>
<tr><td>故障确认</td><td colspan="3">处理完毕，确认开关门提示声音播放正常</td></tr>
</table>

第 5 章　烟火报警系统

<table>
<tr><td>故障名称</td><td colspan="3">5.1　烟火报警感烟抽气气流故障</td></tr>
<tr><td>适用车型</td><td colspan="3">CRH2A 统型动车组、CRH380A 统型动车组、CRH380A 非统型动车组</td></tr>
<tr><td>工具及材料</td><td colspan="3">工具：十字螺丝刀。
材料：烟火报警吸气箱、探头过滤棉</td></tr>
<tr><td>故障现象</td><td colspan="3">监控室和司机室 MON 屏报烟火报警感烟抽气气流故障，且烟火报警主机发出报警声响，按下烟火报警主机复位按钮，复位无效</td></tr>
<tr><td>原因及判断</td><td colspan="3">1. 查看 05 车监控室的烟火报警主机提示的故障信息，确认故障具体位置；
2. 检查吸气箱接插件是否松动，若松动，则紧固；
3. 拆下吸气箱，观察箱内探头过滤棉是否污损，若污损，则更换，若更换后故障未消除，则更换探头；
4. 若更换后故障仍未消除，则更换整个吸气箱（吸气箱安装在客室两侧及对应车厢配电柜内）</td></tr>
<tr><td rowspan="2">处理过程</td><td>接插件紧固</td><td>1. 打开故障对应车厢组合配电柜，断开【烟火报警装置】空开；
2. 重新拔插吸气箱接插件；
3. 恢复【烟火报警装置】空开，复位烟火报警主机，确认故障消除</td><td>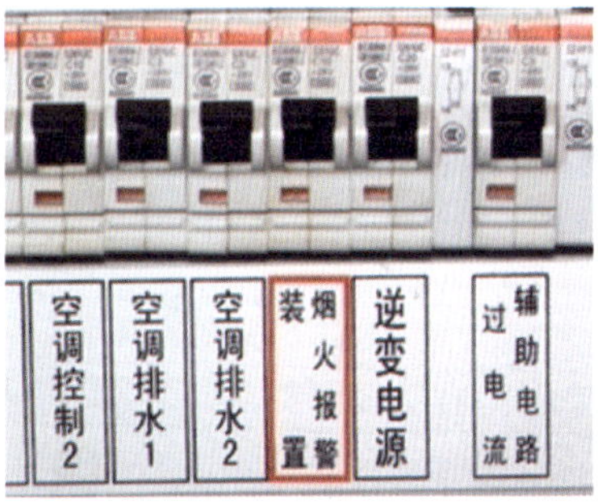
</td></tr>
<tr><td>探头过滤棉及探头更换</td><td>1. 打开故障对应车厢组合配电柜，断开【烟火报警装置】空开；
2. 使用十字螺丝刀拆下吸气箱固定螺丝，拔下接插件，取出吸气箱，使用十字螺丝刀拆下吸气箱面板；
3. 推动探头锁定钮的同时，逆时针旋转探测器头，将探测器头从底座上拆下；
4. 将新探头对照旧料编码进行拨码确认，确认编码一致后更换（换过滤棉只需将旧过滤棉从探头上取下，更换新过滤棉即可）；
5. 更换完毕，恢复各部件及【烟火报警装置】空开，复位烟火报警主机，确认故障消除</td><td>
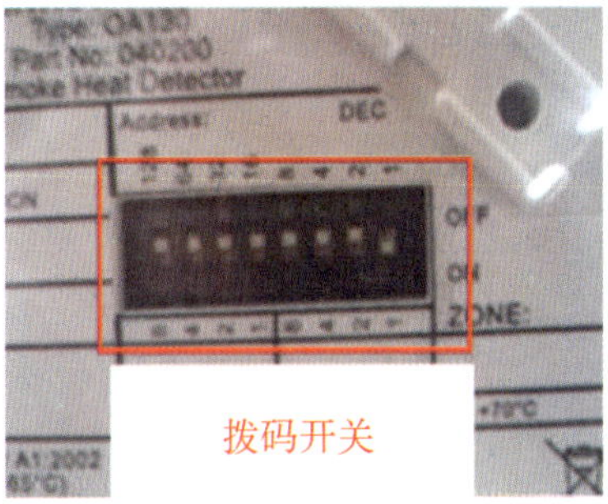
</td></tr>
</table>

续上表

<table>
<tr><td rowspan="1">处理过程</td><td>吸气箱更换</td><td>1. 打开故障对应车厢组合配电柜，断开【烟火报警装置】空开；
2. 使用十字螺丝刀拆下吸气箱固定螺丝，拔下接插件，取出吸气箱，用十字螺丝刀分别拆下新、旧吸气箱面板；
3. 更换新料时对照旧料箱内编码进行拨码确认，确认编码一致后安装；
4. 安装完毕，恢复【烟火报警装置】空开，复位烟火报警主机，确认故障消除</td><td></td></tr>
<tr><td>故障确认</td><td colspan="3">处理完毕，确认烟火报警感烟抽气气流故障消除</td></tr>
</table>

<table>
<tr><td>故障名称</td><td colspan="3">5.2 烟火报警感烟回路模块故障</td></tr>
<tr><td>适用车型</td><td colspan="3">CRH2A 统型动车组、CRH380A 统型动车组、CRH380A 非统型动车组</td></tr>
<tr><td>工具及材料</td><td colspan="3">工具：一字螺丝刀。
材料：回路模块</td></tr>
<tr><td>故障现象</td><td colspan="3">烟火报警主机报烟火报警感烟回路模块故障，且发出报警声响，复位无效</td></tr>
<tr><td>原因及判断</td><td colspan="3">烟火报警主机报烟火报警感烟回路模块故障，需更换回路模块</td></tr>
<tr><td>处理过程</td><td>回路模块更换</td><td>1. 打开故障对应车厢组合配电柜，断开【烟火报警装置】空开；
2. 使用一字螺丝刀将 X3 回路模块拆下，用一字螺丝刀拆下回路模块插针，取出故障回路模块；
3. 新品安装前，对准旧回路模块数字编码进行拨码确认，确认编码一致后再安装；
4. 安装完毕，恢复【烟火报警装置】空开，复位烟火报警主机，确认回路模块故障消除</td><td>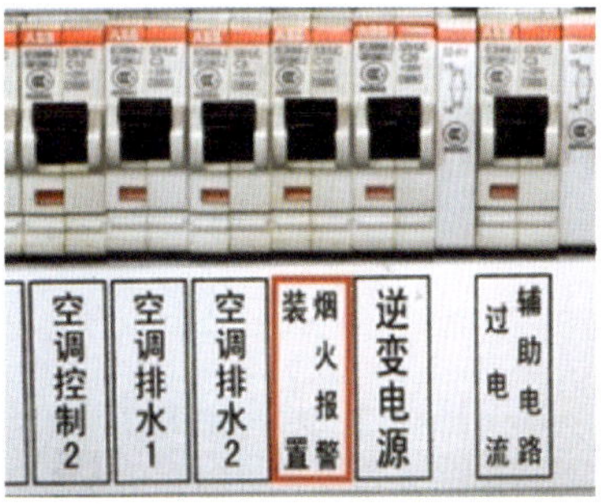

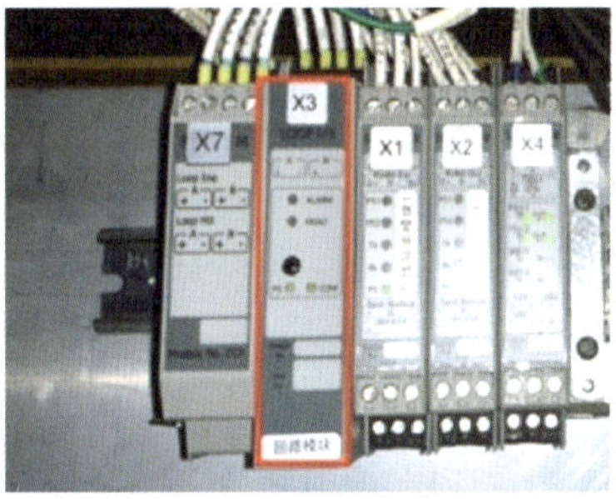

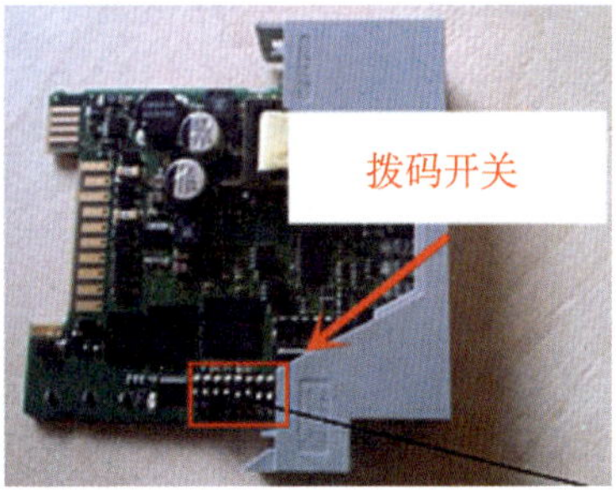
</td></tr>
<tr><td>故障确认</td><td colspan="3">处理完毕，确认烟火报警感烟回路模块故障消除</td></tr>
</table>

<table>
<tr><td>故障名称</td><td colspan="3">5.3 烟火报警主机屏幕无任何显示</td></tr>
<tr><td>适用车型</td><td colspan="3">CRH2A 统型动车组、CRH380A 统型动车组、CRH380A 非统型动车组</td></tr>
<tr><td>工具及材料</td><td colspan="3">工具：一字螺丝刀、3 mm 内六角扳手。
材料：烟火报警主机</td></tr>
<tr><td>故障现象</td><td colspan="3">烟火报警主机屏幕无任何显示，MON 屏报烟火报警装置传输不良故障</td></tr>
<tr><td>原因及判断</td><td colspan="3">烟火报警主机屏无任何显示且 MON 屏报烟火报警装置传输不良时，先复位【烟火报警装置】空开，若复位无效，则检查主机内接线是否松动，若松动，则紧固，若紧固无效，则确认为烟火报警主机故障，需更换新品</td></tr>
<tr><td rowspan="2">处理过程</td><td>烟火报警主机接线紧固</td><td>1. 打开故障对应车厢组合配电柜，断开【烟火报警装置】空开；
2. 使用 3 mm 内六角扳手拆下烟火报警主机面板固定螺栓，拔下主机面板排线，取下主机面板；
3. 取下主机面板后，使用一字螺丝刀紧固主机内接线；
4. 紧固完毕，恢复各部件，闭合【烟火报警装置】空开，确认故障消除</td><td> </td></tr>
<tr><td>烟火报警主机更换</td><td>1. 打开故障对应车厢组合配电柜，断开【烟火报警装置】空开；
2. 使用 3 mm 内六角扳手拆下烟火报警主机固定螺栓，拔下主机屏幕排线，拆下故障烟火报警主机，更换新品；
3. 更换完毕后，恢复【烟火报警装置】空开，核对主机版本，若不一致则需刷固件：使用 U 盘从其他车拷贝，在“服务菜单”内点击“固件”进行更新；
4. 刷完固件后，确认故障消除</td><td> </td></tr>
<tr><td>故障确认</td><td colspan="3">处理完毕，确认烟火报警主机屏幕显示良好</td></tr>
</table>

第 6 章　影音娱乐系统

故障名称	6.1　客室影视屏黑屏或蓝屏
适用车型	CRH2A 统型动车组、CRH380A 统型动车组
工具及材料	工具：10 mm 棘轮扳手、内六角梅花扳手、3 mm 内六角扳手、十字螺丝刀、一字螺丝刀、CF 卡。 材料：影视播放板、影视主控、壁挂影视屏幕、吊挂影视屏幕、信号板
故障现象	1. 全列影视屏出现黑屏； 2. 单节车厢影视屏出现蓝屏； 3. 单节车厢部分影视屏出现黑屏或蓝屏
原因及判断	1. 全列影视屏出现黑屏时，先进行大复位，若复位无效，则重新上传影视，若影视无法上传，在影视监控屏上，点击设备维护，检查各车设备连接状态，若单独 05 车设备无法连接则判断为 05 车影视主控故障，需更换影视主控，若所有车均无法连接，则判断为影视监控屏故障，需更换影视监控屏，若处理后故障仍未消除，可确认为影视存储故障，需更换影视存储(影视主控及影视存储位于 05 车集成配电柜内)； 2. 单节车厢影视屏出现蓝屏时，先复位【影视控制】空开，若复位无效，可确认为影视播放板坏，需更换影视播放板； 3. 单节车厢的某个影视屏出现蓝屏时，可判断为影视屏接插件接触不良，需重新紧固，若紧固后故障仍未消除，可确定为信号板故障，需更换新品； 4. 单节车厢的某个影视屏出现黑屏时，先紧固影视屏接插件，若紧固无效，则确定为影视屏故障，需更换新品
处理过程	影视上传 1. 打开故障对应车厢组合配电柜，断开【影视控制】空开； 2. 使用一字螺丝刀拆下 05 车集成配电柜影视上传接口防护盖固定螺丝，取下防护盖后，插入 CF 卡； 3. 插入 CF 卡后，恢复【影视控制】空开，到乘务室影视主机界面中点击“素材更新”，再点击“进入”上传影视； 4. 传输完成后断开【影视控制】空开，将 CF 卡拔出，恢复【影视控制】空开，到乘务室影视主机界面输入账号和密码进行播放确认(初始用户名：admin，密码：111111)； 5. 确认故障消除后，恢复影视上传接口防护盖及柜门

处理过程	影视播放板更换	1. 打开故障对应车厢组合配电柜，断开【影视控制】空开； 2. 使用十字螺丝刀拆下影视播放板固定螺丝，用一字螺丝刀松开接插件固定螺丝，拔下接插件，取出故障影视播放板，更换新品； 3. 更换完毕，恢复【影视控制】空开，重新上传视频内容，确认影视播放正常	
	壁挂屏接插件紧固	1. 打开故障对应车厢组合配电柜，断开【影视控制】空开； 2. 使用内六角梅花扳手拆下壁挂影视屏固定螺栓，重新拔插影视屏接插件； 3. 恢复影视屏，闭合【影视控制】空开，确认故障消除	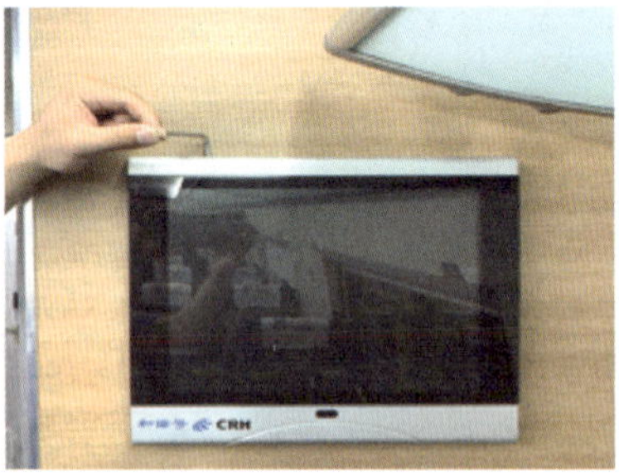
	影视存储更换	1. 打开 05 车组合配电柜，断开【影视控制】空开； 2. 使用十字螺丝刀拆下影视存储固定螺丝，取出故障影视存储，更换新品； 3. 更换完毕，恢复【影视控制】空开，重新上传视频内容，确认影视播放正常	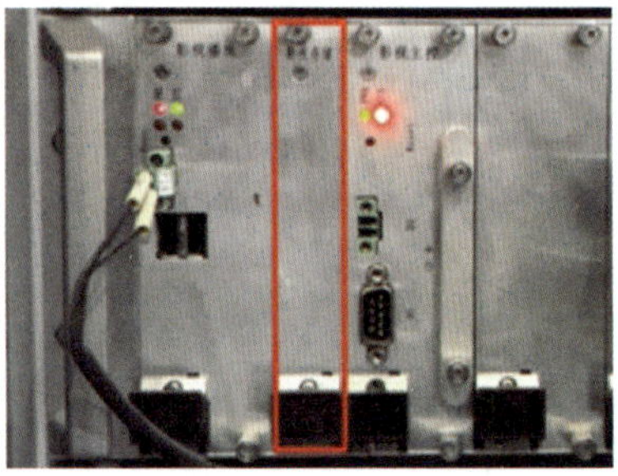
	吊挂屏接插件紧固	1. 打开故障对应车厢组合配电柜，断开【影视控制】空开； 2. 使用 3 mm 内六角扳手拆下吊挂影视屏侧边的三角盖板，重新拔插影视屏接插件； 3. 恢复【影视控制】空开，确认故障消除后恢复盖板	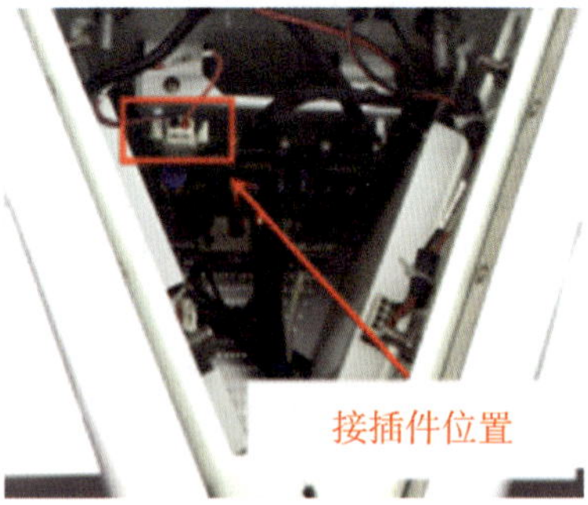
	吊挂影视屏幕更换	1. 打开故障对应车厢组合配电柜，断开【影视控制】空开； 2. 使用 3 mm 内六角扳手拆下吊挂影视屏侧边的三角盖板，用一字螺丝刀松开接插件固定螺丝，拔下影视屏接插件； 3. 使用 10 mm 棘轮扳手拆下屏幕安装座固定螺栓，取出故障屏幕，更换新品； 4. 更换完毕，恢复【影视控制】空开，确认故障消除后恢复盖板	

<table>
<tr><td rowspan="4">处理过程</td><td>壁挂影视屏幕更换</td><td>1. 打开故障对应车厢组合配电柜，断开【影视控制】空开；
2. 使用内六角梅花扳手拆下影视屏固定螺栓后，拔掉影视屏接插件，用十字螺丝刀拆下地线，取下故障影视屏，更换新品；
3. 更换完毕，恢复【影视控制】空开，确认故障消除</td><td>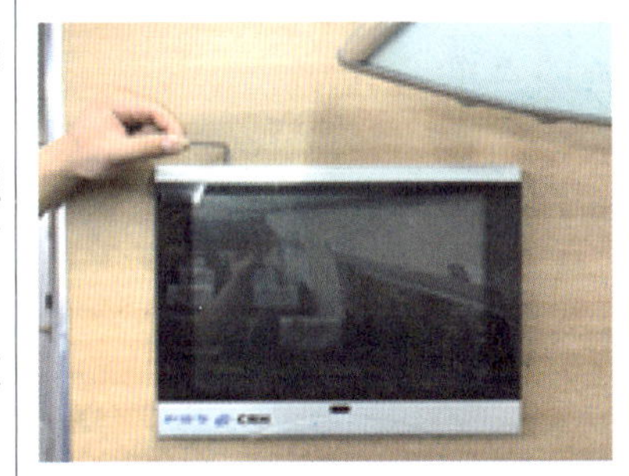</td></tr>
<tr><td>影视主控更换</td><td>1. 打开 05 车组合配电柜，断开【影视控制】空开；
2. 使用十字螺丝刀拆下影视主控固定螺丝，取出故障影视主控，更换新品；
3. 更换完毕，恢复【影视控制】空开，重新上传视频内容，确认影视播放正常</td><td>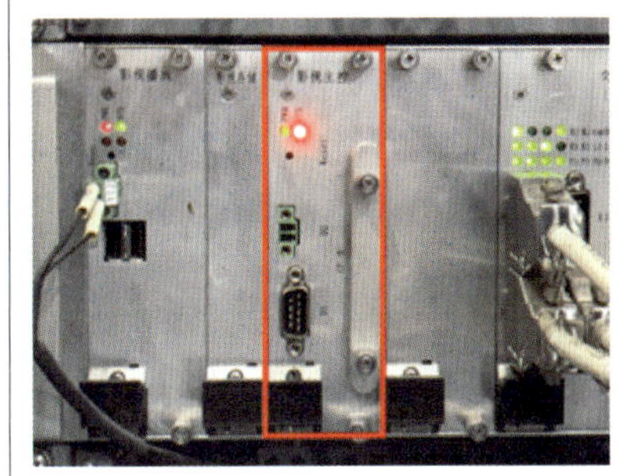</td></tr>
<tr><td>信号板更换</td><td>1. 打开故障对应车厢组合配电柜，断开【影视控制】空开；
2. 壁挂影视屏：使用内六角梅花扳手拆下影视屏固定螺栓，拔掉接插件取下影视屏，用十字螺丝刀拆下信号板安装螺丝，拔掉信号板接插件，取出故障信号板，更换新品；
3. 吊挂影视屏：使用 3 mm 内六角扳手拆下吊挂影视屏侧边的三角盖板，用一字螺丝刀松开接插件固定螺丝，拔下影视屏接插件，用10 mm 棘轮扳手拆下屏幕固定螺栓，取出屏幕，用十字螺丝刀拆下信号板安装螺丝，拔掉信号板接插件，取出故障信号板，更换新品；
4. 更换完毕，恢复【影视控制】空开，确认故障消除后恢复各部件</td><td>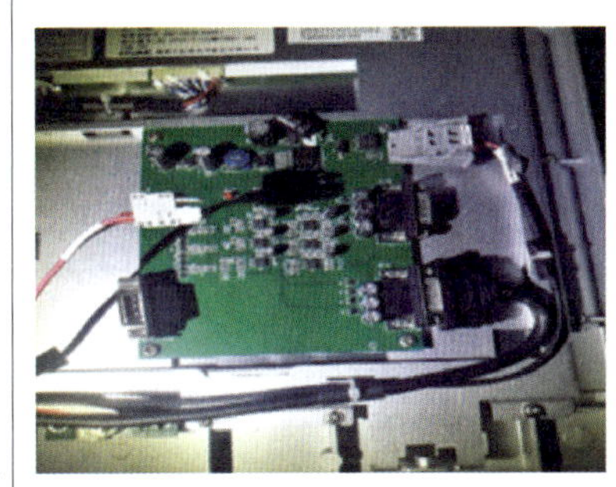</td></tr>
<tr><td>影视监控屏更换</td><td>1. 打开 05 车组合配电柜，断开【影视控制】空开；
2. 使用十字螺丝刀拆下影视监控屏固定螺丝，取出影视监控屏；
3. 取出影视监控屏后，使用一字螺丝刀拆下插头，更换新品；
4. 更换完毕，恢复【影视控制】空开，确认故障消除</td><td></td></tr>
<tr><td>故障确认</td><td colspan="3">处理完毕，确认影视播放状态良好</td></tr>
</table>

故障名称	6.2　客室影视屏花屏、灰屏、图像错位		
适用车型	CRH2A 统型动车组、CRH380A 统型动车组		
工具及材料	工具：10 mm 棘轮扳手、内六角梅花扳手、3 mm 内六角扳手、遥控器、一字螺丝刀、十字螺丝刀。 材料：壁挂影视屏幕、吊挂影视屏幕、信号板		
故障现象	客室影视屏出现花屏、灰屏、图像错位现象		
原因及判断	1. 影视屏花屏或灰屏时先复位【影视控制】空开，若复位无效，检查影视接插件是否松动，若松动，则紧固。若紧固无效，则判断为信号板故障，需更换信号板，若更换信号板故障仍未消除，则更换影视屏幕。 2. 影视图像错位时可使用遥控器进行调校		
处理过程	空开复位	1. 断开故障对应车厢组合配电柜内的【影视控制】空开，等待 15 s 后闭合； 2. 确认故障消除后恢复柜门	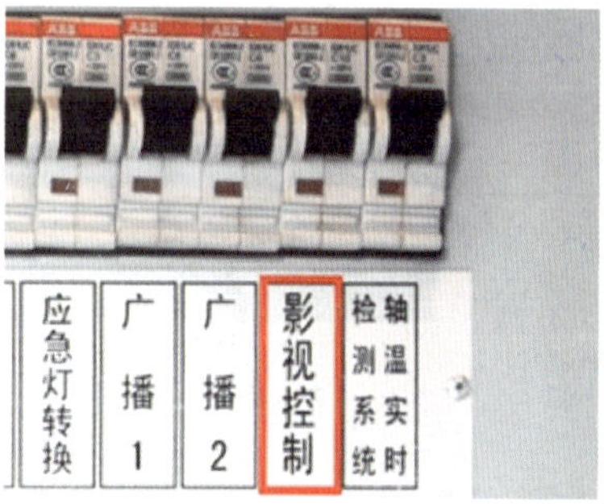
	壁挂屏接插件紧固	1. 打开故障对应车厢组合配电柜，断开【影视控制】空开； 2. 使用内六角梅花扳手拆下壁挂影视屏固定螺栓，重新拔插影视屏接插件； 3. 恢复影视屏及【影视控制】空开，确认故障消除	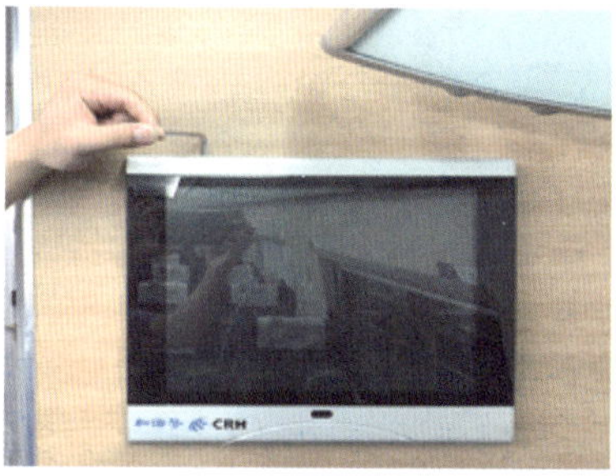
	吊挂屏接插件紧固	1. 打开故障对应车厢组合配电柜，断开【影视控制】空开； 2. 使用 3 mm 内六角扳手拆下吊挂影视屏侧边的三角盖板，重新拔插影视屏接插件； 3. 恢复【影视控制】空开，确认故障消除后恢复盖板	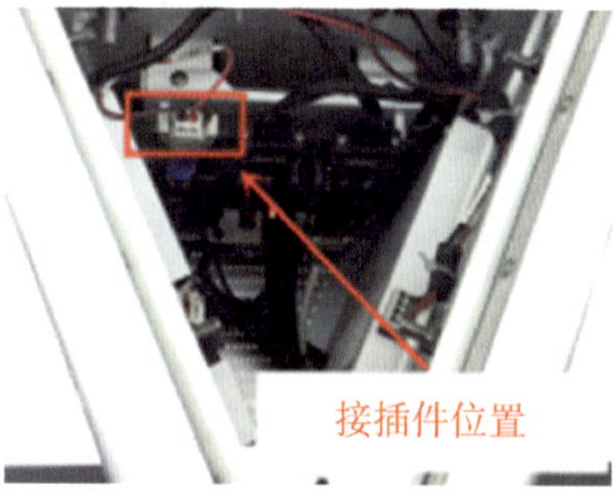
	信号板更换	1. 打开故障对应车厢组合配电柜，断开【影视控制】空开	

续上表

<table>
<tr><td rowspan="3">处理过程</td><td>信号板更换</td><td>2. 壁挂影视屏：使用内六角梅花扳手拆下影视屏固定螺栓，拔掉接插件取下影视屏，用十字螺丝刀拆下信号板安装螺丝，拔掉信号板接插件，取出故障信号板，更换新品。
3. 吊挂影视屏：使用 3 mm 内六角扳手拆下吊挂影视屏侧边的三角盖板，用一字螺丝刀松开接插件固定螺丝，拔下影视屏接插件，用10 mm 棘轮扳手拆下屏幕固定螺栓，取出屏幕，用十字螺丝刀拆下信号板安装螺丝，拔掉信号板接插件，取出故障信号板，更换新品；
4. 更换完毕，恢复【影视控制】空开，确认故障消除后恢复各部件</td><td>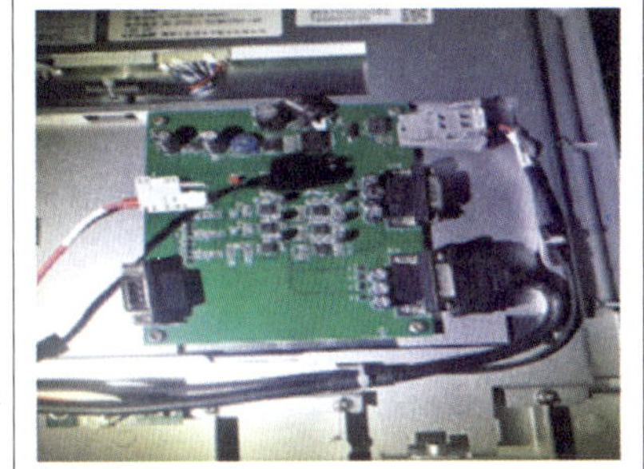</td></tr>
<tr><td>吊挂影视屏幕更换</td><td>1. 打开故障对应车厢组合配电柜，断开【影视控制】空开；
2. 使用 3 mm 内六角扳手拆下吊挂影视屏侧边的三角盖板，用一字螺丝刀松开接插件固定螺丝，拔下影视屏接插件；
3. 使用 10 mm 棘轮扳手拆下屏幕安装座固定螺栓，取出故障屏幕，更换新品；
4. 更换完毕，恢复【影视控制】空开，确认故障消除后恢复盖板</td><td></td></tr>
<tr><td>壁挂影视屏幕更换</td><td>1. 打开故障对应车厢组合配电柜，断开【影视控制】空开；
2. 使用内六角梅花扳手拆下影视屏固定螺栓后，拔掉影视屏接插件，用十字螺丝刀拆下地线，取下故障影视屏，更换新品；
3. 更换完毕恢复【影视控制】空开，确认故障消除</td><td>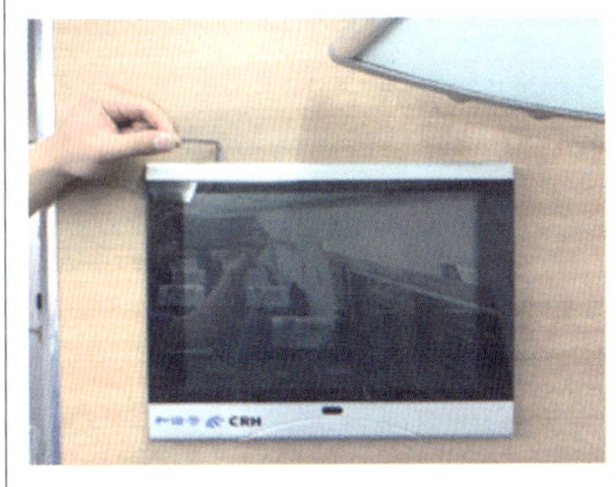</td></tr>
<tr><td>故障确认</td><td colspan="3">处理完毕，确认车厢影视播放正常</td></tr>
</table>

<table>
<tr><td>故障名称</td><td colspan="2">6.3 CRH380A 非统型动车组客室影视屏黑屏或蓝屏</td></tr>
<tr><td>适用车型</td><td colspan="2">CRH380A 非统型动车组</td></tr>
<tr><td>工具及材料</td><td colspan="2">工具:10 mm 棘轮扳手、内六角梅花扳手、3 mm 内六角扳手、影视上传工具箱、十字螺丝刀、一字螺丝刀。
材料:系统子服务器、壁挂影视屏幕、吊挂影视屏幕、信号板</td></tr>
<tr><td>故障现象</td><td colspan="2">1. 全列或单节车厢影视屏出现黑屏或蓝屏现象;
2. 单节车厢部分影视屏出现黑屏或蓝屏、花屏现象</td></tr>
<tr><td>原因及判断</td><td colspan="2">1. 全列影视屏出现黑屏或蓝屏故障时,先进行大复位,若复位无效,则重新上传影视;
2. 单节车厢影视屏出现黑屏或蓝屏故障时复位故障对应车厢组合配电柜【影视控制】、【液晶电视】空开,确认故障是否消除;若故障未消除,可确认为系统子服务器损坏,需更换系统子服务器(系统子服务器位于各车集成配电柜内),更换完毕后再重新上传影视;
3. 单节车厢的某个影视屏出现蓝屏、花屏现象时,可判断为影视屏接插件接触不良,需紧固,若紧固无效,可通过对调系统子服务器上好的插头,判断系统子服务器上某个插头是否有问题,若无上述现象,可确认为信号板损坏;
4. 单节车厢的某个影视屏出现黑屏现象时,可判断为影视屏接插件接触不良,需紧固,若紧固后故障仍未消除,可确认为影视屏损坏,需更换新品</td></tr>
<tr><td rowspan="2">处理过程</td><td>空开复位</td><td>1. 打开故障对应车厢组合配电柜,断开【影视控制】、【液晶电视】空开,15 s 后闭合;
2. 确认故障消除后恢复柜门</td></tr>
<tr><td>影视上传</td><td>1. 将影视上传工具箱内电脑与乘务室影视主机接口相连。
2. 打开电脑浏览器,在地址栏输入:192.168.1.217/bf,输入用户名(admin)和密码(99view)登录。
3. 依次点击"维护"、"高级设置"进入系统,进入系统界面后,在"文件管理"中上传素材到服务器。
4. 素材上传到服务器后,编辑并下发播出单。到"播出单"中选择"播出单根区"导入播出单。点击"播出单",点所要下发的播出单的"新应用",点击"添加"选择"公共频道组"点击"确定"开始下发。播出单下发完成后节目会自动传输到 8 块播放板,在"传输管理"</td></tr>
</table>

<table>
<tr><td rowspan="6">处理过程</td><td>影视上传</td><td>中点击播放板后面的“传输列表”可查看传输进度。
5. 传输完成后检查全列车影视播放情况，确认播放正常且全列同步播放</td><td></td></tr>
<tr><td>系统子服务器更换</td><td>1. 打开故障对应车厢组合配电柜，断开【影视控制】、【液晶电视】空开；
2. 打开故障对应车厢集成配电柜，使用十字螺丝刀拆下系统子服务器固定螺丝，用一字螺丝刀松开接插件固定螺丝，拔下接插件，取出系统子服务器进行更换（因新料为新版本，故子服务器更换需拆卸旧子服务器含v1—v8插口的信号板更换在新料使用，若新料与旧子服务器信号板插口颜色一致则无须拆换旧料）；
3. 更换完毕，恢复【影视控制】、【液晶电视】空开，再重新上传影视，确认故障消除</td><td></td></tr>
<tr><td>壁挂屏接插件紧固</td><td>1. 打开故障对应车厢组合配电柜，断开【影视控制】、【液晶电视】空开；
2. 使用内六角梅花扳手拆下壁挂影视屏固定螺栓，重新拔插影视屏接插件；
3. 恢复影视屏，闭合【影视控制】、【液晶电视】空开，确认故障消除</td><td></td></tr>
<tr><td>吊挂屏接插件紧固</td><td>1. 打开故障对应车厢组合配电柜，断开【影视控制】、【液晶电视】空开；
2. 使用3 mm内六角扳手拆下吊挂影视屏侧边的三角盖板，重新拔插影视屏接插件；
3. 闭合【影视控制】、【液晶电视】空开，确认故障消除后恢复盖板</td><td>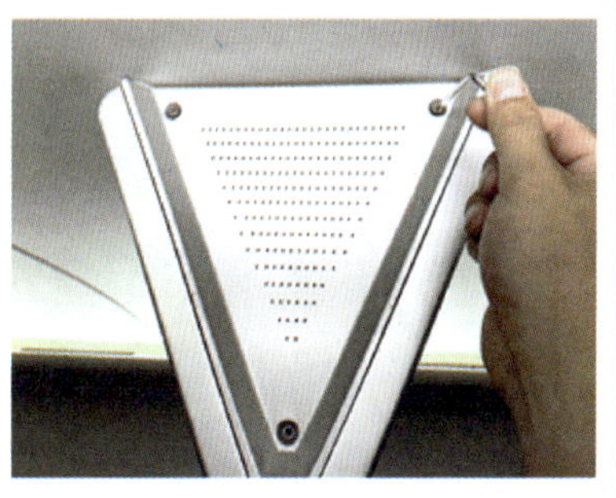</td></tr>
<tr><td>吊挂影视屏幕更换</td><td>1. 打开故障对应车厢组合配电柜，断开【影视控制】、【液晶电视】空开；
2. 使用3 mm内六角扳手拆下吊挂影视屏侧边的三角盖板，用一字螺丝刀松开接插件固定螺丝，拔下影视屏接插件；
3. 使用10 mm棘轮扳手拆下屏幕安装座固定螺栓，取出故障影视屏，更换新品；
4. 更换完毕，恢复【影视控制】、【液晶电视】空开，确认故障消除后恢复盖板</td><td>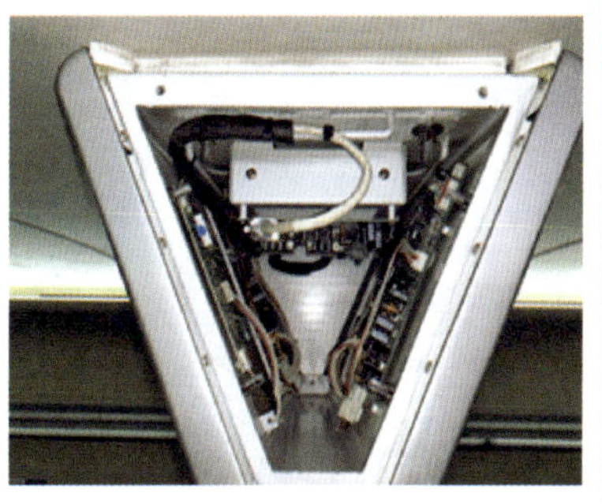</td></tr>
</table>

<table>
<tr><td rowspan="2">处理过程</td><td>壁挂影视屏幕更换</td><td>1. 打开故障对应车厢组合配电柜，断开【影视控制】、【液晶电视】空开；
2. 使用内六角梅花扳手拆下影视屏面板固定螺栓后，拔掉影视屏接插件，用十字螺丝刀拆下地线，取下故障影视屏，更换新品；
3. 更换完毕恢复【影视控制】、【液晶电视】空开，确认故障消除后恢复影视屏面板</td><td>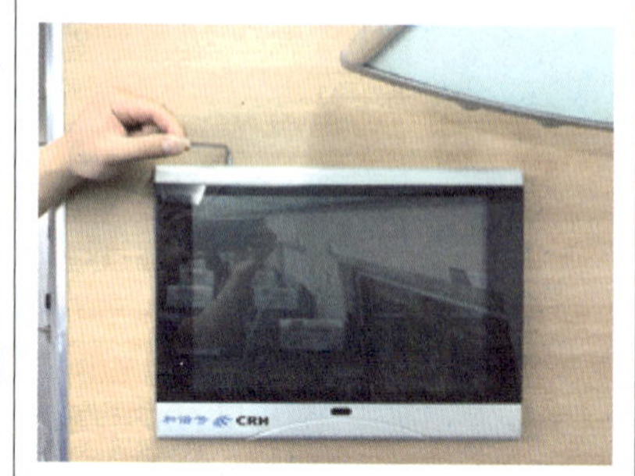</td></tr>
<tr><td>信号板更换</td><td>1. 打开故障对应车厢组合配电柜，断开【影视控制】、【液晶电视】空开。
2. 壁挂影视屏：使用内六角梅花扳手拆下影视屏固定螺栓，拔掉接插件取下影视屏，用十字螺丝刀拆下信号板安装螺丝，拔掉信号板接插件，取出故障信号板，更换新品。
3. 吊挂影视屏：使用 3 mm 内六角扳手拆下吊挂影视屏侧边的三角盖板，用一字螺丝刀松开接插件固定螺丝，拔下影视屏接插件，用10 mm 棘轮扳手拆下屏幕固定螺栓，取出屏幕，用十字螺丝刀拆下信号板安装螺丝，拔掉信号板接插件，取出故障信号板，更换新品；
4. 更换完毕，恢复【影视控制】、【液晶电视】空开，确认故障消除后，恢复各部件</td><td></td></tr>
<tr><td>故障确认</td><td colspan="3">处理完毕，确认影视播放状态良好</td></tr>
</table>

<table>
<tr><td>故障名称</td><td colspan="3">6.4 商务座影视黑屏或无信号</td></tr>
<tr><td>适用车型</td><td colspan="3">CRH380A 统型动车组</td></tr>
<tr><td>工具及材料</td><td colspan="3">工具：2 mm 内六角扳手、十字螺丝刀、一字螺丝刀、8 mm 棘轮扳手、5 mm 内六角扳手。
材料：影视屏幕、接线盒</td></tr>
<tr><td>故障现象</td><td colspan="3">商务座影视屏出现黑屏或无信号现象</td></tr>
<tr><td>原因及判断</td><td colspan="3">1. 商务座影视屏黑屏时，先复位故障对应车厢【影视控制】空开，若复位无效，可确定影视屏幕故障，需更换新品；
2. 商务座影视屏出现无信号现象时，先复位故障对应车厢【影视控制】空开，若复位无效，可确定影视接线盒故障，需更换新品</td></tr>
<tr><td rowspan="2">处理过程</td><td>影视屏更换</td><td>1. 打开故障对应车厢组合配电柜，断开【影视控制】空开；
2. 使用 2 mm 内六角扳手拆下影视屏固定螺丝；
3. 使用一字螺丝刀松开影视屏接插件固定螺丝，拔下接插件，取下故障影视屏，更换新品；
4. 更换完毕，恢复【影视控制】空开，确认故障消除</td><td> 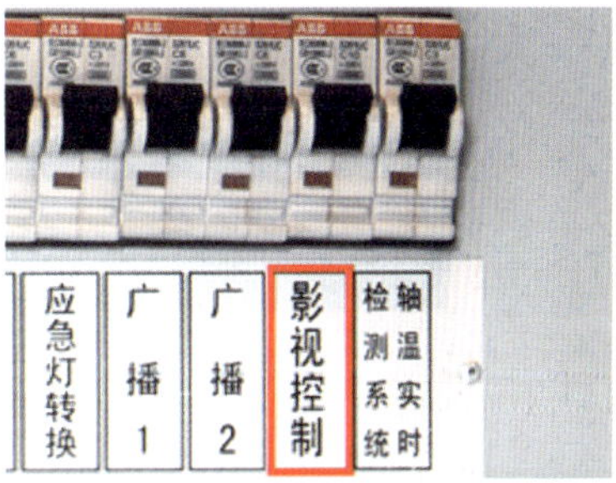 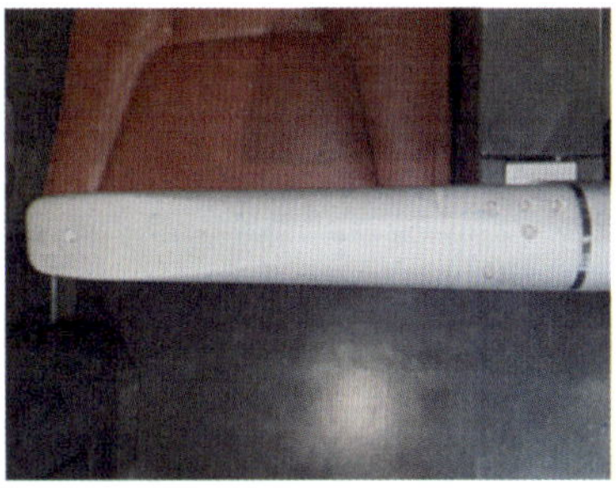</td></tr>
<tr><td>影视接线盒更换</td><td>1. 打开故障对应车厢组合配电柜，断开【影视控制】、【VIP 座椅控制器 1】、【VIP 座椅控制器 2】空开；
2. 使用 5 mm 内六角扳手拆下 VIP 座椅后盖螺栓，取下座椅后盖，用 8 mm 棘轮扳手拆下接线盒固定螺栓，用一字螺丝刀松开接插件固定螺丝，拔下接插件后取下故障接线盒，更换新品</td><td> 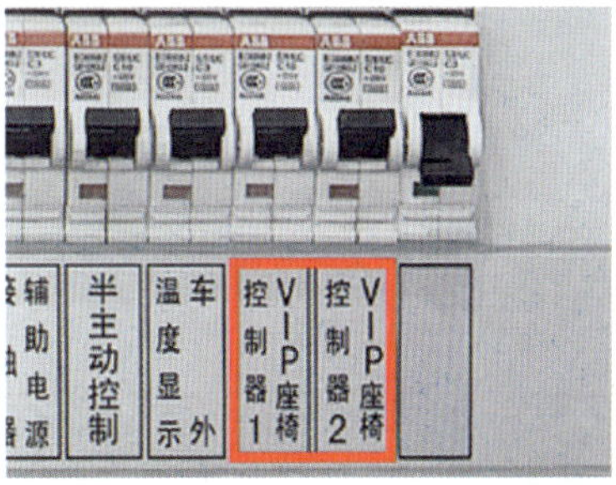 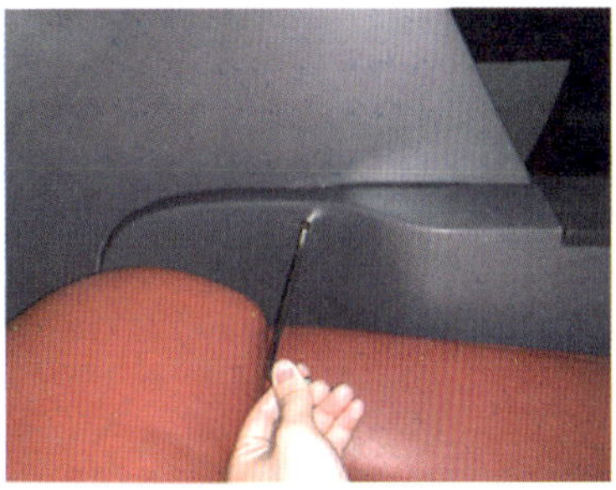</td></tr>
</table>

续上表

处理过程	影视接线盒更换	3. 更换完毕后恢复座椅后盖，闭合【影视控制】、【VIP 座椅控制器 1】、【VIP 座椅控制器 2】空开，确认故障消除	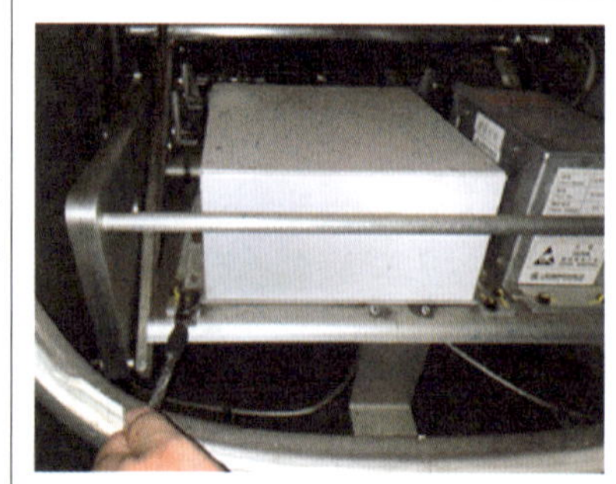
故障确认	处理完毕，确认商务座影视播放正常		

<table>
<tr><td>故障名称</td><td colspan="3">6.5　服务呼叫显示屏故障</td></tr>
<tr><td>适用车型</td><td colspan="3">CRH380A 统型动车组、CRH380A 非统型动车组</td></tr>
<tr><td>工具及材料</td><td colspan="3">工具：十字螺丝刀。
材料：服务呼叫显示屏</td></tr>
<tr><td>故障现象</td><td colspan="3">服务呼叫显示屏出现白屏或黑屏现象</td></tr>
<tr><td>原因及判断</td><td colspan="3">服务呼叫显示屏出现白屏、黑屏现象时，可确定为服务呼叫显示屏故障，需更换新品（CRH380A 统型动车组服务呼叫显示屏位于 01 车、00 车，CRH380A 非统型动车组服务呼叫显示屏位于 05 车乘务员室）</td></tr>
<tr><td>处理过程</td><td>呼叫显示屏更换</td><td>1. 断开故障对应车厢组合配电柜内【影视控制】空开；
2. 使用十字螺丝刀拆下服务呼叫显示屏固定螺丝，再拆下显示屏接插件及插头固定螺丝，拔出插头及接插件，取出故障显示屏，更换新品；
3. 更换完毕，恢复【影视控制】空开，确认故障消除</td><td></td></tr>
<tr><td>故障确认</td><td colspan="3">作业完毕，确认服务呼叫显示屏显示正常</td></tr>
</table>